Richard Glöckner

Quo vadis? – Das Christentum am Scheideweg zur Moderne

Theologische Orientierungen

Theological Orientations

Band / Volume 54

LIT

Richard Glöckner

Quo vadis? – Das Christentum am Scheideweg zur Moderne

Eine Streitschrift

LIT

Umschlagbild:
Kreuzgang der romanischen Abtei Santo Domingo de Silos
Foto: Richard Glöckner

∞

Gedruckt auf alterungsbeständigem Werkdruckpapier entsprechend
ANSI Z3948 DIN ISO 9706

Bibliografische Information der Deutschen Nationalbibliothek
Die Deutsche Nationalbibliothek verzeichnet diese Publikation in der Deutschen Nationalbibliografie; detaillierte bibliografische Daten sind im Internet über http://dnb.dnb.de abrufbar.

ISBN 978-3-643-15426-2 (br.)
ISBN 978-3-643-35426-6 (PDF)

Verlagskontakt:
Fresnostr. 2 D-48159 Münster
Tel. +49 (0) 2 51-62 03 20
E-Mail: lit@lit-verlag.de https://www.lit-verlag.de

Auslieferung:
Deutschland: LIT Verlag, Fresnostr. 2, D-48159 Münster
Tel. +49 (0) 2 51-620 32 22, E-Mail: vertrieb@lit-verlag.de

Inhalt

Vorwort

Im Jahr 1968 erschien von Josef Ratzinger, einem damals als fortschrittlich verehrten Theologen, das Buch: „Einführung in das Christentum“. Einleitend erzählt der Autor darin eine von Sören Kierkegaard verfasste Geschichte. In einem Zirkus ist ein gefährlicher Brand ausgebrochen. Der Zirkus liegt in der Nähe eines Dorfes, das durch den Funkenflug des Feuers gefährdet ist. Im Augenblick hat der Direktor nur den schon zur Vorstellung ausstaffierten Clown als Boten zur Verfügung, um aus dem Dorf Hilfe anzufordern und vor der auch dort drohenden Gefahr zu warnen. Natürlich halten die Leute das Kommen des Clowns für einen Werbetrick. Sie lachen ihn aus und verspotten ihn, bis der Funkenflug aus dem niederbrennenden Zirkus tatsächlich ihr Dorf erreicht und auch dort alles vernichtet.

In den Bildern der Geschichte spiegelt sich für Ratzinger die Situation der katholischen Kirche. Da die Bewohner des zu Hilfe gerufenen Dorfes keine Gefahr erkennen können und die Boten aus dem Zirkus unglaubwürdig erscheinen, steht alles auf dem Spiel und geht schließlich zugrunde. Ratzingers Buch war ein großer Erfolg und wird bis heute geschätzt. Verändert hat sich unter seinem Einfluss an der Situation der Kirche allerdings nichts. Auch hier wird die drohende Gefahr aus den verschiedensten Gründen nicht ernst genommen und verharmlost. Zwischenzeitlich hat sich die Situation des Christentums in der sogenannten westlichen Welt noch weiter verschlechtert. Entlastend weist man darauf hin, dass die Situation im Rest der Welt möglicherweise entspannter und weniger kritisch ist. Allerdings werden diesem Rest der Welt ähnliche Konflikte, Auseinandersetzungen und schwierige Entscheidungen unausweichlich bevorstehen. Dafür sind die Fragen, um die es geht, zu grundsätzlich. Von der Auseinandersetzung mit ihnen und den erforderten Antworten hängt langfristig, aber unausweichlich die Zukunft ab.

Zur Charakterisierung der angedeuteten Situation, kann auch das Gemälde von Edward Munch „Der Schrei“ einfallen. Unerklärlich liegt etwas lähmend Bedrohliches in der Luft, das konkret nicht greifbar ist. Ein flammend roter Himmel und ein im Dunkeln verfließender Horizont lassen nichts Gutes ahnen. Und da schreit auch jemand, dem Entsetzen ins Gesicht geschrieben ist, aus vollem Halse,. Vermutlich müsste etwas gehört und verstanden werden, was durch Mark und Bein geht. Aber es scheint in einer resonanzlosen Weite zu verhallen. Zwei Spaziergänger auf einer Brücke haben nichts vernommen und zeigen keine Reaktion.
Natürlich ist die Zukunft des Christentums derzeit nicht apokalyptisch einzuschätzen. Eine überwältigende Katastrophe ist nicht absehbar. Aber es gibt eine Fülle von Eindrücken und Beobachtungen, die erkennen lassen, dass in den christlichen Kirchen manches nicht stimmt und Einbrüche – wie Interesselosigkeit, Ablehnung und Abwanderung – in großem Stil zu befürchten sind. Munchs Bild zur Charakterisierung der derzeitigen Situation des Christentums heranzuziehen, mag überzogen und zu düster wirken. Aber es geht um entscheidende Weichenstellungen für die Zukunft. Zugespitzt kann man formulieren: Das Christentum am Scheideweg zur Moderne. Ein Weg ins Abseits oder von Reformen getragene Erneuerung?

Dabei drängt sich sofort die Frage auf, auf welcher Grundlage und aus welcher Perspektive man es wagen kann, umfassend von christlichem Glauben und seiner Krise zu sprechen. Die folgenden Untersuchungen spiegeln die Eindrücke und Erfahrungen in der sogenannten westlichen

Welt, die von verschiedenen Kirchen, Konfessionen und Bekenntnissen geformt und bestimmt werden. Die römisch-katholische Kirche mag dabei die lauteste Ausprägung darstellen und in den folgenden Darstellungen vorwiegend den Bezugsrahmen bilden. Aber so begrenzt der Bezugsrahmen auch sein mag, hinter allen kulturellen, religiösen und auch gesellschaftlichen Sonderformen stehen Glaubensgemeinschaften, die weltweit durch gleiche fundamentale Lehrsätze und Prinzipien so eng miteinander verbunden sind, das sie gemeinsam repräsentieren, was christliche Identität ausmacht. Alle fußen auf den heiligen Schriften des Alten und Neuen Testamentes. Alle haben die gleiche Gründungsgeschichte, von der sie maßgeblich geformt worden sind. Sie haben daher ein gleiches Gottes- und Menschenbild und müssen sich – egal, wo in der Welt – mit veränderten weltanschaulichen Ideen und mit den neuen Erkenntnissen der Naturwissenschaften auseinandersetzen. Daher ergeben sich, ganz gleich, aus welchem Bezugsrahmen und aus welcher Perspektive, die gleichen Fragen nach christlicher Identität und wie diese sich weltweit darbietet.

Umfassend geht es darum, wie weit eine über 2000 Jahre alte Glaubens- und Bekenntnisgemeinschaft auch heute religiös, kulturell und gesellschaftlich bestehen und als Gesprächspartner anerkannt werden kann. Wie sich zeigen wird, sind eine Reihe christlicher fundamentaler Dogmen und ethischer Forderungen so weit von der Moderne entfernt, dass bedrohliche Krisen unvermeidbar sind. In der westlichen Welt ist das schon greifbar, wird aber in jeder aufgeklärten Gesellschaft nicht zu umgehen sein. Insofern sind die genannten Beispiele vom brennenden Zirkus bei Josef Ratzinger und in Munchs Gemälde „Der Schrei“ kultur- und zeitgeschichtlich begrenzt, lassen sich aber doch als Hinweis auf die mögliche Zukunft des Christentums deuten. Sie sprechen von einer Lebenswelt

am Rande eines möglichen Niedergangs, der sich in verschiedenen Symptomen bereits andeutet und aufschrecken muss.
Hauptproblem dabei ist, ob die Situation der Gefährdung überhaupt als real bedrohlich ernst genommen wird und ins Bewusstsein dringt. Zumindest bei den für die römische Kirche Verantwortlichen[1] und auch darüber hinaus gibt es durchweg nur stereotype Ablehnung und Zurückweisung. Atmosphärisch weisen daher sowohl die Erzählung bei Josef Ratzinger und das Gemälde von Edward Munch zu Recht auf die gleiche herausfordernde Situation hin: das Christentum angesichts einer gefährlichen Krise, die es nur halbherzig, wenn überhaupt, zur Kenntnis nimmt.

Worauf aber müssen die Aufmerksamkeit und der kritische Blick konkret gerichtet werden? In den folgende Ausführungen wird es darum gehen, die Bereiche des Glaubens aufzuzeigen, die von fundamentaler Bedeutung sind, wenn sich im Alltäglichen entscheidend etwas ändern soll. Hinter der Fülle alltäglicher Fragen und Probleme, verbergen sich Grundhaltungen und Bereitschaften, die nicht bewusst sein mögen, aber vorentscheidend für die Einschätzung und Ausführung des eigenen Tuns und Handelns sind. Das Christentum beruht traditionell auf Grundentscheidungen, die seinen Weg in der Geschichte bestimmt haben und auch heute über Gelingen oder Misslingen entscheiden.
Leider lässt sich dabei ohne große Mühe eine lange Kette schwerer, teilweise verbrecherischer Fehlentscheidungen aufzeigen. So die Inquisition und der innerkirchliche Kreuzzug gegen die Albigenser, der Hexenwahn, die Zwangsmissionierung Lateinamerikas, die Ausrottung der In-

[1] Der Bereich Christentum präsentiert sich in einer ganzen Reihe von unterschiedlichen Bekenntnissen, Kirchen und Religionsgemeinschaften, die jeweils nur in einer relativ offenen Sprechweise genannt und angegangen werden können.

dianer in Nordamerika und Kanada, und die christliche Kolonisierung weiter Teile der Welt. Auch die konfessionellen Auseinandersetzungen im 30-jährigen Krieg haben zahllose Menschen ins Unglück gestürzt. Beim Blick auf diese teils schweren Fehlentscheidungen und sogar verbrecherischen Vorkommnisse kann es nicht genügen, die Geschehnisse einfach als Zusammentreffen zufälliger, ähnlicher Einzelfälle und Versäumnisse zu betrachten. Vieles ist ideologisch in den Traditionen und im Selbstbewusstsein des Christentums angelegt und vorgegeben. Geht es um ernsthafte Bemühungen, dass ähnliche und gleiche Fehler sich in der Zukunft nicht wiederholen, so müssen die früheren Bedingungen und ideologischen Einstellungen geklärt werden, auf deren Boden sie geschehen konnten.

1. Einführung

1.1 Ein bedrückender und gefährlicher Glaubensschwund

Es hat Zeiten gegeben, in denen das Christentum das kulturelle, gesellschaftliche und auch politische Leben maßgeblich bestimmte. Man kann zumindest von einer christlich geprägten Spätantike und von einem christlichen Mittelalter sprechen. Seit dem 16./17. Jahrhundert zeichnet sich aber ab, dass speziell die römische Kirche zumindest auf den Gebieten der Naturwissenschaft an veralteten Vorstellungen festhielt, diese zunächst irrigen Meinungen autoritär, aber erfolglos, verteidigte, und auf Dauer nicht mehr ernst genommen wurde. Das Auseinanderdriften von Welt und zwischenzeitlich konfessionell gespaltenem Christentum hat sich im Laufe der Neuzeit weiter verstärkt und erreicht heute eine beständig wachsende Verschärfung.

Seit geraumer Zeit verliert der christliche Glaube als Grundlage und Horizont unserer Lebenswelt unaufhaltsam an Wertschätzung. Derzeit fallen die Blicke konzentriert auf die römisch-katholische Kirche. Im geschichtlichen Rückblick auf die Kolonisierung von Nordamerika und von Kanada und den weltweiten Kolonialismus ist die Krise aber kein Problem von Katholiken. Auch ein Blick auf die gesellschaftlichen Auseinandersetzungen in den USA und auf die konfessionellen Spannungen in Irland kann deutlich machen: das Christentum agiert weltweit vertreten durch verschiedene Bekenntnisse und Konfessionen.

Gegenwärtig tritt die römisch-katholische Kirche mit der lautesten Stimme auf und lässt die Krise des Christentums besonders deutlich werden. Wenn sie in der Öffentlichkeit, in den Medien, zur Sprache kommt oder sich selber zu Wort meldet, geht es meist um eigene innere oder äußere

Konflikte. Zum Beispiel die pauschale Ablehnung moderner Methoden der Empfängnisverhütung, das strikte Verbot von Schwangerschaftsabbruch und der rigide Einsatz moralischer Normen im Umgang mit Ehepartnern nach Ehescheidung und Wiederverheiratung führten zu einer weitreichenden und tiefgreifenden Entfremdung zwischen römischer Kirche und moderner Gesellschaft. Rom und der Vatikan wurden und werden ständig als Instanz wahrgenommen, die widerspricht, anklagt und verurteilt. In den letzten Jahren erschütterte dann die Aufdeckung von sexuellem Missbrauch von Kindern und Jugendlichen das gesellschaftliche Leben. Seitdem spricht man nicht mehr vom Austritt einzelner Personen aus der Kirche, sondern von massenhafter Abwanderung. Ein christliches Glaubensbewusstsein verschwindet zusehends aus der gesellschaftlichen Umwelt. Diese Entwicklung dringt zwar zunehmend ins wachwerdende Bewusstsein, wird aber mehr oder weniger einsilbig übergangen oder hingenommen. Es gehört zwar zum guten Ton, von einer Krise zu reden. Wirksame Ansätze und Wege zur Korrektur und Verbesserung des Niederganges sind nicht erkennbar.

Unterhalb der zahlreichen tagesaktuell diskutierten Probleme verläuft eher lautlos ein viel bedrohlicherer, die Existenz des Christentums fundamental in Frage stellender Prozess. Präsentiert sich das Christentum grundsätzlich noch als eine Religion, die in unsere Zeit passt? Vertritt sie ein Gottes- und Menschenbild, das angesichts neuer sozialwissenschaftlicher und naturwissenschaftlicher Erkenntnisse ernst genommen werden kann?
Konkret sind es folgende Problembereiche, die sich im Verlauf der jüngeren und jüngsten Zeitgeschichte herauskristallisiert haben. Sie waren auch schon in der Vergangenheit vereinzelt strittige Punkte versuchter

Kritik und angemahnter Reformen. Die Phalanx der Orthodoxie hat sich aber immer wieder durchgesetzt. Allerdings hat schon der Psychologe C. G. Jung einmal gesagt: „Im Unbewussten aber ist alles vorhanden, was im Bewusstsein verworfen wird, und je christlicher das Bewusstsein ist, desto heidnischer gebärdet sich das Unbewusste, wenn nämlich im verworfenen Heidentum noch lebenswichtige Werte stecken."[2]

Zur Debatte stehen, und dringend korrekturbedürftig sind folgende Punkte:
Das Gottesbild – ein allmächtiger, absolut jenseitiger Gott?
Erbsündenlehre und Erlösung.
Wunderglaube angesichts der Naturwissenschaften.
Göttlicher Schöpfungsakt oder Evolutionslehre.
Kirche und Sexualmoral.
Christentum und Gewalt.
Das Christentum im Schatten jüdischer Glaubensvorstellungen.
Jesus von Nazareth und nicht der Apostel Paulus.

Angesichts dieser offenen Fragen und Kritikpunkte muss es gewagt werden und ist unerlässlich, die gelebte, vertraute und verinnerlichte Glaubenswelt auf die Zuverlässigkeit und Wahrhaftigkeit ihrer Grundlagen zu befragen. Viele Menschen fühlen sich in ihrem Selbstbewusstsein verunsichert und durch die vorgegebene Glaubenswelt nicht mehr repräsentiert. Ein unbewegliches Bekenntnis zum traditionell gewachsenen christlichen Glauben bedeutet Bekenntnis zu einer immer kleiner und unbe-

---

[2] Mensch und Seele, hrsg. von Jolande Jacobi, Olten 1971, S. 51.

deutender werdenden Gruppe, die in die Illusion flüchtet, auserwählte Elite zu sein.

Ein Widerspruch wird leicht als Versuch gedeutet, den christlichen Glauben aufzulösen. Man denke an das apostolische Glaubensbekenntnis, den Stellenwert der Taufe oder das Wunder der sakramentalen Menschwerdung Gottes in jeder Feier der Eucharistie. So hat man es als Kind gelernt, so ist es im Glanz großer Feste ein Teil innerer christlicher Erlebniswelt und ein Teil christlicher Selbstwahrnehmung geworden. Ein Verlassen dieser fundamentalen Lebenswelt kann wie Selbstaufgabe oder Selbstzerstörung wahrgenommen werden. Letztlich aber zählt die Entscheidung, ob man beruhigenden und wohltuenden Gewohnheiten mehr folgen will als dem nüchternen Blick auf nicht zu leugnenden Tatsachen.

Lassen doch neue, fortschrittliche Erkenntnisse der Geschichtswissenschaften und die Ergebnisse naturwissenschaftlicher Forschung manches vom selbstverständlich Geglaubten als veraltet, fragwürdig und sogar unhaltbar erscheinen. An dieser Wahrnehmung kommen immer mehr Menschen nicht vorbei und müssen sich damit auseinandersetzen, wenn sie sich nicht in ihrer angelernten Glaubenswelt einigeln wollen.

An den skizzierten Grundfragen kann die Kirche sich nicht ohne Antwort vorbeidrängen. Sie fordern zu grundsätzlichen Kursänderungen im Selbstverständnis, in der Glaubens- und Morallehre auf, wenn der Weg nicht in ein auswegloses Abseits von moderner Lebensgestaltung führen soll. Zögern und Verweigerung werden mittel- und langfristig einen Weg in wachsende Unglaubwürdigkeit bedeuten und weiter wachsende Abwanderung zur Folge haben.

Nur wenn es gelingt, dass die christlichen Kirchen und Gruppierungen die in den genannten Bereichen verborgene Problematik erkennen, sich damit auseinandersetzen und eine authentische Orientierung versuchen, ist eine Begegnung mit der Moderne zu einem lebendigen Neuanfang möglich. Die folgenden Ausführungen versuchen, die genannten zentralen Bereiche systematisch zu erschließen. Dabei liegt vieles so nahe beieinander, dass eine Vor- und Nachordnung in der Darstellung sich nicht zwingend ergibt. Auch lassen sich Überschneidungen und partielle Wiederholungen nicht vermeiden. Von unterschiedlichen Ansätzen her laufen die Überlegungen des Öfteren auf gleiche oder ähnliche Schlussfolgerungen und Zusammenfassungen hinaus. Zuweilen drängt sich ein ganzes Bündel von Fragen auf, die einzeln nicht beantwortet werden können und sich aus verändertem Blickwinkel erneut stellen. Gleichzeitig zeigen sie aber die Weite und den Umfang heutiger Nachfrage auf.

Wichtig ist bei allem der ständige Rückgriff auf Leben und Lehre Jesu. Gemäß der Grundüberzeugung dieser Untersuchungen ist die Wahrheit und die Glaubwürdigkeit des Christentums allein von diesem Ursprung und von dieser Mitte her zu finden und zu belegen.

1.2 Bedrohlich wie die Klimakrise

Die Alltagsvollzüge des kirchlichen Lebens sind so einfordernd, dass der verfügbare Orientierungs- und Handlungsspielraum weitgehend abgedeckt und ausgeschöpft ist. Da bleibt wenig Zeit für Beschäftigung mit hintergründigen, zudem herausfordernden Fragen. Mit ihrer langwierigen Entwicklung und versteckten Dringlichkeit ist die Problemlage durchaus vergleichbar mit der heutigen globalen Klimakrise. In der Klimakrise zahlt die Zivilisation den Preis für jahrhundertelange übermäßige Ausbeutung der Lebensressourcen der Erde mit heute lebensbedrohlichen Katastrophen. Die rücksichtslose Ausbeutung der Natur, die Missachtung notwendiger Anpassung an natürliche Prozesse des Wachstums und die Behinderung der notwendigen Ermöglichung von Regeneration bedrohen und zerstören langfristig nicht nur die Lebensräume des Menschen sondern der gesamten Pflanzen und Tierwelt.

In der unterschwelligen Glaubenskrise zahlt die Kirche den Preis für frühzeitige Abweichungen von der Botschaft ihres Gründers Jesus von Nazareth, indem seine Verkündigung jüdisch interpretiert, überlagert und verfälscht wurde. Vor allem der Apostel Paulus wurde für die Gestaltung des Christentums entscheidend. In den folgenden Ausführungen werden verschiedene Entscheidungen und Entwicklungen der von Paulus geprägten Gründergeneration dargelegt und kritisch beleuchtet. Frühere Irrtümer und Fehlentscheidungen muss das Christentum heute im Blick auf neue geschichtliche, philosophische und naturwissenschaftliche Erkenntnisse korrigieren.
In der Klimakrise kündigen sich die schwerwiegenden und nachhaltigen Veränderungen durch beunruhigend schnellen Anstieg der Temperatu-

ren, ungewöhnliche Wetterkonstellationen und eine beängstigend dichte Abfolge von Naturkatastrophen deutlich an. Dennoch fällt es der Weltöffentlichkeit äußerst schwer, die notwendigen Konsequenzen zu ziehen und das Verhalten entscheidend umzustellen. Immerhin aber ist mittlerweile ein weltweiter Aufbruch zu erkennen.

Auf eine lange Reihe schwerwiegende Fehlentscheidungen und katastrophal gewalttätige Auseinandersetzungen im Raum christlicher Lebensgestaltung wurde schon hingewiesen. Mit Vergewaltigung hat es auch der in jüngster Zeit bekannt gewordene verbrecherische sexuelle Missbrauch von Kindern und Jugendlichen zu tun. Er fegt wie ein Tsunami über weite Teile der christlichen Kirchen hinweg. Wie ist das alles verständlich zu machen in einer Religion, die gegründet worden ist von einem Mann, der beispielhaft für Gewaltlosigkeit und den Einsatz für Unterdrückte und Entrechtete steht? Im Widerspruch zu ihm eine leider unendlich lange und engmaschige Kette schwerwiegender Fehler, Verstöße und Verbrechen.

Im Unterschied zu den von der Klimakrise Betroffenen fällt es den Verantwortlichen in den christlichen Kirchen deutlich schwerer, die Fülle der Katastrophen, die die ganze Geschichte des Christentums durchsetzen, im Sinne einer zusammenhängenden Krise wahrzunehmen und zu deuten. Die einzelnen Katastrophen wurden ernst genommen. Man gelobte Besserung, wollte aus den Folgen lernen und die notwendigen, einsichtigen Konsequenzen ziehen. Gleichzeitig aber weigerte man sich, nach den Wurzeln und latenten Grundeinstellungen zu fragen, die für die einzelnen Fehler und Fehlentwicklungen verantwortlich sind. Im öffentlichen Leben der Kirche tut sich bis heute wenig bis nichts. Hier behaupten sich nach wie vor über Jahrhunderte bewährte Dogmen, moralische Normen

und eingeübte Handlungsabläufe, gegenüber randständig erscheinenden Stimmen, die auf Änderung dringen.
Wie wenig man wirklich lernt, zeigen unter anderem die zahlreichen konfessionellen Kirchenspaltungen. Letztlich hat man sich daran gewöhnt. Man betet intensiv und routinemäßig für Wiedervereinigung. Nicht erkennbar ist aber wirkliche Kompromissbereitschaft, auf eigene für unaufgebbar gehaltene Eigenheiten zu verzichten, damit eine gelebte Gemeinschaft und Einheit möglich werden. Das ritualisierte Gebet dient als Alibi dafür, dass man in der Sache untätig bleibt. Die Fixierung auf den vermeintlichen alleinigen Besitz der Wahrheit schränkt die Möglichkeiten zu einem offenen Dialog ein. Man gewöhnt sich an den offenen Konflikt und lebt damit, ohne zu berücksichtigen, dass sich insgesamt eine Atmosphäre von Gleichgültigkeit oder auch Unverständnis ausbreitet. Der Verlust an Vertrauen wird relativiert und für die Gesamtkirche als nicht relevant bezeichnet.
Unterschwellig mögen spannungsvolle Beziehungen sogar etwas wie das Salz in einem eintönigen Leben sein. Schließlich wird eine solche von Uneinigkeit, Misstrauen und Unentschlossenheit geprägte Gesellschaft aber weder nach innen noch nach außen attraktiv sein. Wer dazu gehört, lebt irgendwie mit. Wenn die Ungereimtheiten zu häufig vorkommen und den eigenen Lebenskreis nachhaltig stören, wendet man sich ab.

Ein Umdenken wird noch einmal schwieriger, weil die Verteidiger der Tradition, des gut Bekannten und selbstverständlich Akzeptierten, auf eine sehr alte, durchaus auch erfolgreiche Geschichte des Christentums verweisen können. Trotz zahlreicher Schwächen und Schatten hat das orthodox geführte Christentum über Jahrhunderte hinweg eine großarti-

ge Kultur geschaffen und unzähligen Menschen Lebenssinn und Lebenserfüllung vermittelt. Auch wenn der Apostel Paulus die Lehre Jesu teilweise übergangen und in eine fragwürdige Richtung gelenkt hat, hat er aus ihr eine Weltreligion gemacht. Und in seiner apostolisch-christlichen Religion ist immer noch so viel vom ursprünglichen Geist Jesu lebendig, dass er das Leben vieler Menschen und der abendländischen Gesellschaft zu kulturellem, wirtschaftlichem und persönlichem Erfolg geführt hat. Das Christentum hat mit zahllosen Einsätzen für Gerechtigkeit und Frieden eine durchaus auch anerkennenswerte Geschichte hinter sich.
Demgegenüber verblassen die dunklen Irrwege und Katastrophen. Eine glücklich überwundene Vergangenheit? Nein! Denn die überwundenen Fehler der Vergangenheit waren immer die Folge und Ausdruck einer latent gegenwärtigen und wirksamen Grundhaltung – wie der Hang zu autoritärem Gehabe, zu Intoleranz und zur Durchsetzung geistiger und notfalls auch physischer Gewalt. Die waren als dunkle Kehrseite bei allem Glanz immer gegenwärtig, drängen sich bei geschichtlichen Rückblicken in den Vordergrund und drohen in der heutigen Wahrnehmung ein unheilvolles Übergewicht zu erlangen.

Die letzte Beobachtung verbietet es, die Forderung nach fundamentalen Änderungen und Umorientierungen des Christentums einfach beiseite zu schieben. Im heutigen Bewusstsein wächst die Überzeugung, dass trotz aller unleugbaren Erfolge und Errungenschaften das Christentum auch von einem unheilvollen Schatten überlagert ist, der zu wachsender Unsicherheit, Entfremdung und Abwanderung führt. Das Problem sind nicht einzelne, auch zukünftig zu erwartende Fehler, Skandale und religiöse Einbrüche. Darüber käme man im Laufe der Zeit immer hinweg. Die

Glaubenskrise des Christentums resultiert nicht aus der Summe einzelner Fehler, sondern sie ist, ähnlich wie die Klimakrise, eine sich von innen her verschärfende und bedrohlich werdende Entwicklung. Wie oben schon skizziert, ist die Klimakrise durch missbräuchlichen Umgang mit den Ressourcen der Natur entstanden. Entlastung und Rettung sind nur möglich, wenn dieser missbräuchliche Umgang gestoppt und durch ein naturgemäßeres Verhalten ersetzt wird. Die Glaubenskrise des Christentums ist darin begründet, dass die Wahrheit und Dynamik des Anfangs verändert und in eine falsche Richtung gelenkt wurde. Im Zentrum müssen Leben und Lehre Jesu stehen und in ihrer ursprünglichen Aussage und ihrem ethischen Anspruch angenommen und aktualisiert werden.

Ein Beispiel mit schwerwiegenden und weiterreichenden Folgen:
Jesus von Nazareth steht für Gewaltlosigkeit. Am Kreuz bittet er um Vergebung für seine Peiniger („Vater, vergib ihnen…"). Er stirbt als Zeuge für Verzeihung und Versöhnung, für Wertmaßstäbe die natürlich auch über seinen Tod hinaus Geltung haben sollen. Unter dem Einfluss der jüdischen Zeugen seines Todes wird er nach dessen Überwindung sofort zum Sieger erklärt. Sieger über den Tod, aber nicht nur das: Die frühe apostolische Verkündigung macht ihn unmittelbar zum Sieger über seine Feinde. Im Brief an die Hebräer (10,12f) heißt es über den auferstandenen Christus: „Dieser aber hat nur ein einziges Opfer für die Sünden dargebracht und sich dann für immer zur Rechten Gottes gesetzt; seitdem wartet er, bis seine Feinde ihm als Schemel unter die Füße gelegt werden." Die um Verzeihung bittenden Worte des Sterbenden münden hier unmittelbar in den Rachewunsch, seine Feinde als Sieger unter die Füße zu bekommen. Blasphemischer geht es kaum! Ostern wird zur rauschhaften Feier eines Blutopfers; und schließlich schreit schon das

Blut Abels nach Vergeltung. Die später noch näher beleuchtete, latente Nähe des Christentums zur Gewalt ist grundgelegt und hat in der Geschichte katastrophale Auswirkungen gezeigt. Diese verhängnisvolle Tendenz kann nur im Rückgriff auf das Leben und die Botschaft des Stifters als Verrat erkannt und zurückgewiesen werden.

Jesus hat verkündet, dass Gott jeden Menschen unabhängig von Zugehörigkeit zu einem Volk liebt, und dass diese Liebe keine Grenze an rituellen Bestimmungen finden darf. Dafür ist er in den Tod gegangen. Statt ihn gemäß seinem eigenen Willen zum Zeugen von Gewaltlosigkeit zu machen, schiebt der Brief an die Hebräer ihn in die Rolle des gewalttätigen Messias. Das hat die frühe Kirche in dieser Form natürlich nicht durchgehalten, obwohl sie die Aussage wie selbstverständlich als christliche Verkündigung weitergibt und auch heute mit Nachdruck verkünden lässt[3]. Im sonntäglichen Abendgebet, der Vesper, betet sie Woche um Woche im Gedenken an den auferstandenen Christus mit den Worten aus Psalm 110: „So spricht der Herr zu meinem Herrn: Setze dich mir zur Rechten, und ich lege dir deine Feinde als Schemel unter die Füße. Vom Zion strecke der Herr das Zepter deiner Macht aus. »Herrsche inmitten deiner Feinde«!" Grundsätzlich gilt, dass Jesus das Opfer jüdischer Gewalt ist. Aber unversehens wird der Gott[4], der hinter dieser Gewalt steht, zum liebenden Vater-Gott, der seinen Sohn als Sühneopfer für die Sünden der Welt dahingegeben hat. Der aber ist im Leben Jesu und bei dessen Kreuzigung der gnadenlose Vollstrecker seiner Gebote.

---

[3] Die Bedeutung dieses Textes zeigt sich daran, dass er an den fünf Sonntagen nach Ostern in der Vesper, dem feierlichen Abendgebet der Kirche, als zentrale Osterbotschaft verlesen wird.

[4] Natürlich geht es hier nicht um Gott an sich, sondern um verschiedene Gottesbilder.

Er hat Jesus als Gotteslästerer umbringen lassen und wird an Ostern buchstäblich in neuer Gestalt und Würdigung aus der Taufe gehoben. Wer hier nach Orientierung sucht, stößt auf ein verwirrendes Ineinander von alttestamentlich jüdischem Glauben und im Kern widersprechender Verkündigung Jesu. Für Jesus ist der Gott des jüdischen Glaubens nie sein liebender Vater. Dem und seinen Geboten widerspricht er mit dem Einsatz seines Lebens.

Das Christentum verehrt im Kern zwei gegensätzliche Gottesbilder: den Gott, der Jesus durch seine Gläubigen hat umbringen lassen[5] und den angeblich gleichen Gott, der als liebender Vater Jesus als Sühneopfer zur Erlösung der Welt dargebracht hat.[6] Parallel zu dieser Umwandlung wird aus dem gewaltlos am Kreuz gestorbenen Jesus von Nazareth der mit messianischer Hoheit umkleidete Christus. Diese Gottes- und Jesus-Christusbilder lassen sich auf einer Ebene von Wahrhaftigkeit nicht miteinander verbinden. Die Langzeitfolgen dieser Verwirrung und Verirrung wollen nicht gesehen werden und wirken weiter. Sie drücken dem Christentum den Stempel zwiespältiger Unentschlossenheit zwischen Friedfertigkeit und Gewaltbereitschaft, zwischen Ruf zur Versöhnung und zu Kreuzzügen auf.

Zur Bestätigung und Vertiefung der Hinweis auf eine charakteristische Konstellation:

Das Stundengebet der Kirche wird heute weitgehend noch zu drei Tageszeiten verrichtet: Morgen, Mittag und Abend. Das Abendgebet, die Vesper, enthält immer in direkter Abfolge die Rezitation von zwei alttestamentlichen Psalmen und einem Text aus dem Neuen Testament. In

[5] „Er hat Gott gelästert… Er ist schuldig und muss sterben" (Mt 26,65f).
[6] „So sehr hat Gott die Welt geliebt, dass er seinen einzigen Sohn hingab…" (Joh 3,16).

den Psalmen wird im klassischen Sinne der Gott Jahwe unter den verschiedensten Hoheitstiteln angerufen, angebetet und verherrlicht. Unmittelbar darauf folgend kommt die neutestamentliche Glaubenswelt zu Wort. Dazu verkündet ein früher Christus-Hymnus aus dem Brief an die Epheser 1,3.7: „Gepriesen sei Gott, der Gott und Vater unseres Herrn Jesus Christus. Er hat uns mit allem Segen seines Geistes gesegnet durch unsere Gemeinschaft mit Christus im Himmel... Durch sein Blut haben wir die Erlösung, die Vergebung der Sünden nach dem Reichtum seiner Gnade.“ Genauso unmittelbar kann ein Christus-Hymnus aus dem Brief an die Philipper (2,6-11) mit dem Bekenntnis folgen: „Christus Jesus war Gott gleich, hielt aber nicht daran fest, wie Gott zu sein… Darum hat ihn Gott über alle erhöht, und ihm den Namen verliehen, der größer ist als alle Namen…“ Wiederum ähnlich formuliert der Brief an die Kolosser 1,12-20: „Dankt dem Vater mit Freude!... Er hat uns der Macht der Finsternis entrissen und aufgenommen in das Reich seines geliebten Sohnes… Er ist das Ebenbild des unsichtbaren Gottes, der Erstgeborene der ganzen Schöpfung.“ Folgen kann auch eine Akklamation aus der Offenbarung des Johannes (19,1-7) mit den Worten: „Halleluja. Das Heil und die Herrlichkeit und die Macht ist bei unserem Gott… Denn König geworden ist der Herr unser Gott.“

Unversehens befindet man sich in einer Sprach- und Vorstellungswelt, die in Übereinstimmung mit den Bildern und Formulierungen des Psalmengebetes scheint. Die neutestamentlichen Texte wirken wie eine kontinuierliche Fortführung des zuvor in den Psalmen Gebeteten. Dabei befindet man sich aber unverhofft, ohne es zu merken (und sicher auch nicht merken soll) – in einer anderen Glaubenswelt. Denn wer ist der in diesen Texten verkündete Gott? Er erscheint in selbstverständlicher Absolutheit und Hoheit. Dennoch ist er auf keinen Fall identisch mit dem in den Psalmen verherrlichten „Gott aller Götter“ (Ps 36,2), der unter anderem »Ägyptens Erstgeburt schlug, vom Mensch bis zum Vieh.“ (Ps 135,8). Hier wird eine Übereinstimmung und Einheit konstruiert und vorgetäuscht, indem die Texte in losgelöst absolutem Sinne von Gott sprechen, als hätte der Glaube an ihn keine Vorgeschichte und bliebe nicht eingebunden in den von den Psalmen vorgegebenen Glauben. Dabei hat der in den Psalmen verehrte und handelnde Gott Jesus weder erhöht, noch geduldet, dass Jesus ihm wesensgleich sei. Er hat ihn als Gotteslästerer hinrichten lassen. Die Verehrer des Gottes der Psalmen betrachten es bis heute als Gotteslästerung, Jesus und »ihren« Gott gleichzusetzen. Jesus hat diesem Gott, der in den Psalmen für zahllose Gewaltakte verantwortlich ist, bis auf den Einsatz seines Lebens widersprochen und ihn niemals als seinen Vater verehrt.[7] Das in den Hymnen verkündete Verhältnis von Gott zu Jesus widerspricht allem, was wir aus dem Leben Jesu wissen. Die Akklamation aus der Offenbarung des Johannes könnte genauso gut im Alten Testament stehen. Dazwischen liegt aber die Kreuzigung Jesu im Namen des alttestamentlichen Gottes.

Auch wenn die christlichen Kirchen in ihren Gebeten die Vorstellungen von Gott für ihre Gläubigen so täuschend ähnlich mit jüdischer Glaubensverkündigung ineinander übergehen lassen, so ist der innere Widerspruch nicht zu übersehen. Er wird überspielt und möglichst unkennt-

[7] Im Johannesevangelium (8,38.42.44) bestreitet Jesus kämpferisch die Behauptung der Juden, Gott und Abraham als ihren Vater zu haben und beansprucht einen anderen Gott als seinen Vater: „Ich sage, was ich beim Vater gesehen habe, und ihr tut, was ihr von eurem Vater gehört habt... Wenn Gott euer Vater wäre, würdet ihr mich lieben; denn von Gott bin ich ausgegangen und gekommen... Ihr habt den Teufel zum Vater.“

lich gemacht, weil man sich verschiedene Optionen offenhalten will – eine apostolisch christliche und die alttestamentlich jüdische.[8]

Besinnung und authentische Orientierung sind nur im Rückgriff auf ein Gottesbild möglich, das dem jüdischen widerspricht und das apostolisch christliche auf ein jesuanisches hin hinterfragt.[9] Will man die vergangenen Fehleinschätzungen nicht wiederholen, so muss man sie im Hinblick auf die dahinter stehenden Impulse und geistigen Bereitschaften aufdecken. Wie sich andeutete und näher zeigen wird, folgt das Christentum seit seiner Entstehung zwei Vorgaben, die sich widersprechen. Nur eine kann einer sachorientierten Überprüfung standhalten. Wie beim Versuch der Bewältigung der Klimakrise muss die aktuelle Problemlage im Hinblick auf ihre Entstehung und die sich fortsetzende Verschärfung angegangen und überprüft werden. Das Christentum scheint hier vor unüberwindbaren Hindernissen zu stehen. Ein Wechsel scheint unvorstellbar und ist in radikaler Schärfe auch kaum durchführbar. Aber, wie bei der Bewältigung der Klimakrise, kann und muss es darum gehen, einzelne, auch kleine, Schritte in eine neue Richtung zu wagen. Dazu gehört in jedem Fall der Mut, sich der Problematik bewusst zu werden und sie ernst zu nehmen.

---

[8] Vgl. dazu Kapitel 2.5b.

[9] Der Unterschied zwischen »apostolisch christlich« und »jesuanisch« wird an verschiedenen Stellen des Buches näher erläutert. Er kann hier nicht näher erörtert werden.

1.3 Meister Eckharts Vorausblick – eine vertane Chance[10]

Wer die heutige Glaubenskrise schon im ausgehenden Mittelalter in seiner fundamentalen Tiefe und Ausdehnung gesehen hat, war der Philosoph und Mystiker Meister Eckhart (1260–1328). Der Kulturkritiker Egon Friedell schreibt: „...dass sich in Eckhart und seiner Schule nichts Geringeres vollzogen hat als die Geburt einer neuen Religion, eine völlige Umschöpfung des bisherigen christlichen Glaubens, zu der sich die lutherische Reformation verhält wie eine Erderschütterung zu einer geologischen Umbildung oder wie ein reinigendes und befruchtendes Gewitter zu einem irdischen Klimawechsel, der eine neue Fauna und Flora ins Leben ruft. Hätte diese Bewegung sich durchgesetzt, so wäre für Europa ein neues Weltalter angebrochen; sie ist aber von der Kirche unterdrückt worden, und dass dies so vollständig gelang, spricht weniger gegen die Kirche, die nur in ganz logischer Wahrung ihrer Interessen handelte, als gegen die europäische Menschheit, die offenbar für eine solche grundstürzende Erneuerung nicht reif war." [11]

Egon Friedell spricht also schon für das ausgehende Mittelalter von einer versuchten »geologischen Umbildung« und einem angestrebten »irdischen Klimawechsel« im Blick auf eine Neuorientierung im christlichen Glauben. Damals hat die Kirche abgelehnt, wie schon oft, wenn unliebsame Ideen an sie herangetragen wurden. Statt wenigstens Anregungen aus dem anderen Ideenfeld aufzunehmen, reagierte man schroff ablehnend und ausschließend. Der Überbringer der ungeliebten Botschaft wurde zum Häretiker erklärt. Heute wird er außerhalb der Kirche und in

---

[10] Vgl. Richard Glöckner, Meister Eckhart. Philosoph und Mystiker des Christentums, Berlin 2020.
[11] Kulturgeschichte der Neuzeit, München 2007, S. 162.

kirchenkritischen Kreisen als hochgeachteter Lehrer des geistlichen Lebens verehrt.
Bei näherem Betrachten sind es heute im Kern die gleichen Fragen, mit denen sich Meister Eckhart auseinandergesetzt hat und zu deren Antwort er Vorschläge angeboten hat. Es sind die gleichen Grundfragen, die oben angesprochen wurden und im weiteren Verlauf detailliert behandelt werden.
Schon Eckhart befreit den christlichen Glauben von anthropomorpher Verengung des Gottesbildes, wenn er in der Predigt 80 sagt: „So ist der unergründliche Gott ohne Namen, denn alle Namen, die ihm die Seele gibt, die entnimmt sie dem Erkennen ihrer selbst." Gott wird personal in vielen Predigten als Vater vorgestellt und bezeichnet. Des Öfteren verwendet Eckhart auch trinitarische Begriffe und spricht von Vater, Sohn und Heiligem Geist. In der Predigt 21 nennt er Gott unseren Vater, dessen Kinder wir sind. Gleichzeitig wird Gott aber auch transpersonal als »erste Ursache« gedacht, die »ausquellend ist«, »sich allen Dingen mitteilt« und »das Innerste aller Dinge« ist (vgl. u. a. Predigt 80).

Auf dieser Ebene lässt sich über Gott in einer Offenheit nachdenken, die den neuesten Interpretationen der Naturwissenschaften gerecht wird und die das Christentum religiös, philosophisch und sozial in deutlicher Nähe zu den Religionen Asiens und der Antike sieht. Für das Christentum am Scheideweg zur Moderne wird es von entscheidender Tragweite sein, ob es sich nicht nur als »Gegenreligion«[12] im Widerspruch zu allen anderen Religionen sieht und sein Anderssein hervorhebt, sondern als einen ehr-

---

[12] Vgl. dazu die Ausführungen in Kapitel 2,3.

lichen Antwortversuch auf die vielfältigen Fragen der Menschheit auf der Suche nach Freiheit, Friede und Lebenssinn.

In der Predigt 69 heißt es bei Eckhart: „Wenn man es Gott nähme, die Seele zu lieben, so nähme man ihm sein Leben und sein Sein, oder man tötete Gott, sofern man so etwas sagen dürfte; denn eben jene gleiche Liebe, mit der Gott die Seele liebt, die ist sein Leben." Gottes Liebe ist nicht ein willentlich willkürliches Geschenk, sondern Ausfluss seines Wesens. Eine solche Aussage steht in krassem Widerspruch zu den Ausführungen des Apostels Paulus im 9. Kapitel des Briefes an die Römer[13]. So etwas wie Erbsünde ist Eckhart völlig fremd. Die innere und unzerstörbare Mitte der Seele vergleicht er mit einem von Gott eingesäten »Samenkorn« oder einem »lebendigen Brunnen«. Beide stehen für unzerstörbare Grundkräfte der Seele, die gepflegt und gereinigt werden müssen, in ihrer Qualität aber immer vorhanden sind und das Wesen der Seele ausmachen.

Die vorbehaltlose Gleichheit aller Menschen gegen alle heilsgeschichtliche Auserwählung, die immer auch eine Herabsetzung aller nicht Zugehörigen bedeutet, betont Eckhart in der Predigt 75, wenn er sagt: „In Gott gibt es kein Minderes noch Größeres ... Die erste Liebe, die Gott hat, an der sollen wir lernen, wie ihn seine naturhafte Gutheit dazu zwang, dass er alle Kreaturen erschuf... auf dass sie seine Gutheit mit ihm genießen... Dies ist uns eine gute Lehre, wie wir alle Kreaturen gleich lieben sollen mit allem dem, was wir von Gott empfangen haben... So liebt Gott alle Kreaturen gleich und erfüllt sie mit seinem Sein. Und ebenso sollen

[13] Vgl. die Ausführungen im Kapitel 5.2.

wir mit Liebe allen Kreaturen begegnen." Die Geschichte des Christentums ist voll von Beispielen rassistischer Abwertung der Menschen anderer Völker und Kulturen. Heute ist ihr diese Rolle wegen der Umverteilung von Macht und Ohnmacht genommen. Entscheidend für die Zukunft wird aber sein, dass alle Vorbehalte der Erwählung und Überlegenheit sich darin auflösen, die grundsätzliche Gleichheit und Gleichwertigkeit aller Menschen anzuerkennen.

Dazu sagt der Theologe Dietmar Mieth: „Zugleich wird Eckharts Gott von Altlasten befreit: von der Last des äußerlichen, autoritären Gesetzgebers, von der Last der sich ängstigenden Gottesfurcht, von der Androhung des Schreckens, von den anthropomorphen Accessoires der Herrschaft, von der Repräsentanz durch Ämter und geistliche Gewalt. Er wäre ein Gott des Vertrauens und der Geborgenheit, ein Gott der intensiven Nähe."[14]
Geschichtlich folgte für die Kirche und das Christentum nach Eckhart ein permanenter Weg nach unten. Schon genannt wurden die Reformation und der 30-jährige Krieg, die Inquisition, die Zwangsmissionierung Lateinamerikas, die weltweite Unterdrückung durch den Kolonialismus, das Abseits des Christentums in der Aufklärung. In einem von Eckhart geprägten Christentum hätte das keinen Platz gehabt und würde auch ein anderes Bild des christlichen Glaubens präsentieren.

Dennoch versucht auch heute kaum jemand, systematisch aufzuklären, ob nicht doch ein falsches Gottesbild zumindest teilweise verantwortlich ist für die im Innern kohärente Kette von Misserfolgen. Ein Gottesbild,

---

[14] Meister Eckhart, München 2014, S. 53.

das viel zu sehr auf Durchsetzungskraft und Macht setzt, und dabei die Suche des Menschen nach Glück und Frieden auf Versprechungen und Verheißungen hin vertröstet. Gott als äußere, oft befremdlich anmutende Autorität, und nicht als das innere Wesen aller Dinge und des Menschen. Der Mensch unter dem entwürdigenden Makel einer Erbschuld und nicht als freie, geliebte, zur Selbstentfaltung berufene Kreatur.

So setzt man weiterhin auf traditionell beglaubigte, heute aber immer fragwürdiger werdende Glaubensmodelle. Konkret lebt das Christentum dabei von vielen nicht einzuholenden Versprechen. Jährlich feiern wir den glanzvollen Triumph des auferstandenen Christus über den Tod. Gefeiert wird, dass der Tod nicht nur überwunden, sondern sogar vernichtet ist. So heißt es jedenfalls in gängigen Kirchenliedern und wird mit Inbrunst gesungen. Gleichzeitig aber sterben die Menschen wie eh und je. Die Lösung liegt in einem versprochenen Jenseits. Dazu gehören auch Fragen wie: Soll es wirklich eine Wiederkunft Christi und ein Jüngstes Gericht geben? Ein großartiges Bild von dem in den Wolken des Himmels erscheinenden Messias Christus. Der Apostel Paulus war überzeugt, dass das Ereignis schon zu seinen Lebzeiten eintreffen werde. Wir warten immer noch darauf und werden mit der Bitte um Geduld vertröstet.

Ein bezeichnendes Beispiel dafür, wie man das Problem verschleiert und hinter einer Scheinlösung verschwinden lässt, bietet der erste Petrusbrief (1Petr 3,8f). Er nivelliert die in den Gemeinden umgehende Frage nach der sogenannten »Parusieverzögerung« (Verzögerung der Wiederkunft Christi) mit der Aussage, dass bei Gott ein Tag wie tausend Jahre seien. Die Frage wird so ins Ungreifbare verschoben, dass eine Antwort sich erübrigt. Der irische Schriftsteller Samuel Beckett antwortet darauf mit dem Theaterstück „Warten auf Godot“.

Immer wieder drängen sich auch Fragen auf: Wo war und ist der gegenwärtige, allmächtige Gott angesichts erschütternder Naturkatastrophen und fehlendem Eingreifen, wenn es gilt, menschlich nicht verursachtes Unheil zu verhindern. Angeblich ist Gott liebend und allmächtig allgegenwärtig. Erkennbare Spuren für die Richtigkeit dieser Meinung sind hier auf der Erde kaum auszumachen.[15] Die Auseinandersetzungen um die Fragen der »theodizee«, der Rechtfertigung Gottes, begleiten das christliche Gottesbild wie ein nicht weichender Schatten. Die Frage wird provoziert und bleibt gleichzeitig unbeantwortet, solange der Glaube an einen individuell persönlichen Gott, der Allmacht und Liebe in sich vereint, auf die Gegebenheiten naturhafter Wirklichkeit trifft. Wenn man die Antworten ins Jenseits verschiebt, hilft nur noch die Hoffnung weiter. Wer in dieser Glaubenswelt von Kindheit an beheimatet ist, nimmt die Vorgaben an wie die Weisungen seiner Eltern und Lehrmeister. Je nach Mentalität belässt man es dabei oder drängt weiter und begehrt auf.

Die genannten Anfragen mag man als ausgedachtes Sammelsurium von Schwierigkeiten bei Seite schieben. Aber sie ergeben sich alle als Folge grundsätzlich falscher Voraussetzungen. Sie sind da und bohren weiter, während die Theologie abstrakte, für den Alltag beruhigende, aber kaum taugliche Antworten gibt. Die Voraussetzungen stimmen nicht. Dennoch zieht man sich gerne auf den vertrauten, aber leider veralteten und nicht mehr tragfähigen Boden der Tradition und des Herkömmlichen zurück.

---

[15] Vgl. Hans Jonas, Der Gottesbegriff nach Auschwitz. Eine jüdische Stimme, Baden-Baden 1987.

Bei näherem Betrachten ist dieser Boden ein Gewebe aus wunderbaren Erzählungen und uneingelösten Versprechen. Er hat schon in der Vergangenheit schwerwiegende Verletzungen, Löcher und Einbrüche erfahren, die seine Tragfähigkeit sehr fragwürdig erscheinen lassen. Er benötigt schon lange fundamentale Ausbesserung. Bisher leider ohne nachhaltigen Erfolg. Reformversuche hat es im Christentum schon immer gegeben. Meister Eckhart hat die Tiefe erreicht, die der Problematik entspricht. Heute sieht es für seine Anerkennung im Raum kirchlicher Orthodoxie kaum anders aus, es sei denn, man setzt auf den nicht nachlassenden Druck fortdauernder Anfragen und Ansätze erneuerungswilliger Kräfte.

1.4 Integration und Identität

Die allgemeine Beobachtung der evolutionären Entwicklung des Lebens hat erkennen lassen, dass Entwicklung und lebendiges Wachstum grundsätzlich von der Fähigkeit und Bereitschaft abhängen, sich anzupassen und zu integrieren. Nicht derjenige ist der fiteste, der sich egoistisch am kraftvollsten durchsetzt. Nachhaltig erfolgreich ist der, dem die größte Geschicklichkeit im Austausch mit seiner Umwelt gelingt. Entscheidend sind die Fähigkeiten, eine mit anderen kompatible Existenz aufzubauen. Das bedeutet nicht den Verlust der eigenen Identität, sondern Selbstfindung auf einer höheren Ebene. Im Verbund mit anderen entwickelt man selber eine differenziertere und reichere Form des Lebens.

Von Anfang an hat das apostolisch geprägte Christentum sich als besonders auserwählt und damit in Abgrenzung und Widerspruch zu seiner als heidnisch deklassierten Umwelt betrachtet. Jesus sah sich immer eher auf der »anderen« Seite: religiös auf der Seite der Samaritaner (Lk 10, 25-37), moralisch auf der Seite der Zöllner und Sünder. Bei seiner Antrittspredigt in der Synagoge von Nazareth (Lk 4,16-30) steht Gott für ihn auf der Seite der Heiden. Beim Gastmahl bei einem Pharisäer wechselt er auf die Seite der Sünderin (Lk 7,36-50).

Eine grundsätzliche Ablehnung von so etwas wie Heidentum ist bei ihm nicht erkennbar. Die Unvereinbarkeit von Kreuz und »Weisheit dieser Welt« hat erst der Apostel Paulus im ersten Brief an die Korinther (1,18ff) behauptet. Im Brief an die Römer (1,18ff) disqualifiziert er die nichtchristliche Welt im Sinne moralischer Verdorbenheit. Die christliche Kirche ist dem auf der Spur ständig behaupteter Überlegenheit gefolgt, bis zu der Behauptung, allein im Besitz der Wahrheit und der einzige Ort des Zugangs zum Heil zu sein. Damit hat das Christentum sich selbst überfordert und schon vielen Menschen und sich selber großen Schaden zugefügt. Soll die langwierige Krise in der Selbstwahrnehmung und der Akzeptanz von außen bewältigt werden, so geht es grundsätzlich um mehr Respekt vor anderen Formen von Kultur und Religion und um mehr Offenheit und Bereitschaft, auf Stimmen aus der »globalen« Umwelt zu hören.

Im Folgenden werden daher bewusst auch Beispiele aus anderen Religionen angeführt, um zu verdeutlichen, dass Menschen ihren Glauben auf sehr unterschiedliche Weise vollziehen und bezeugen können. Die Vielfalt religiöser Erscheinungsformen kann in dem Sinne entlasten und befreien, dass die eigenen Vollzugsformen nicht absolut festgeschrieben sein müssen. Der veränderte Blickwinkel kann helfen, vorgegebene Selbstverständlichkeiten kritisch zu hinterfragen und neue Anregungen und Einsichten als tragfähig und weiterführend aufzunehmen und anzuerkennen.

Vor falscher Absonderung warnt und zu offener Begegnung miteinander mahnt Meister Eckhart, wenn er sagt: „Gott hat der Menschen Heil nicht an irgendeine besondere Weise gebunden... Denn wer Gott in einer [bestimmten] Weise sucht, der nimmt die Weise und verfehlt Gott, der in der Weise verborgen ist."[16] Eine Erneuerung des Christentums ist nur möglich, wenn es sich von der zwanghaften Vorstellung löst, seine Gestalt sei absolut einzigartig und allein im Besitz der Wahrheit. Nur wenn es seine Rolle als Teil einer Vielzahl von ähnlichen und gleichberechtigten

---

[16] Reden der Unterweisung und Predigt 5B.

anderen Religionen und Kulturen findet, kann es selber als gleichberechtigter Partner anerkannt werden. Das gilt auch nach innen. Hier wird die Bereitschaft zur Integration allzu strikter Gebote, Verbote und Strafandrohungen in umfassendere und auch liberalere Vorgaben darüber entscheiden, ob Menschen sich an den Rand gedrängt oder verstanden und respektiert fühlen.

2. Gott: transzendent – immanent

2.1 Eine Welt der Wunder als Fundament des Glaubens?

Das Christentum ist wie kaum eine andere Religion dem Glauben an übernatürliche, wunderbare Geschehnisse und Eingriffe verhaftet. Hinter dem Kreis der großen Feste des Glaubens stehen fast immer Erinnerungen an Ereignisse, die den normalen Lauf der Natur durchbrochen haben: Weihnachten, Ostern, Christi Himmelfahrt, Pfingsten. In jedem Messopfer vollzieht sich das Wunder der Verwandlung von Brot und Wein in Fleisch und Blut des auferstandenen Jesus Christus (Transsubstantiation). Das Fundament des Christentums beruht wesentlich auf wunderbaren Ereignissen. Dagegen kommen im Alltag der Menschen heute Wunder nicht vor. Eine von Wundern real umgestaltete Welt ist heute immer schwerer vorstellbar und nicht glaubhaft.
Zum sachlich verantwortbaren Umgang mit der vom Wunderglauben geprägten Vergangenheit zitiert Gerd Lüdemann[17] Worte des Theologen Gerhard Ebeling: „Der moderne Historiker ist mit Recht davon überzeugt, dass er gewisse Dinge besser weiß. Auch die Tatsache, dass für die Neuzeit alles Metaphysische und Metahistorische in die Dimension des Problematischen gerückt ist, kann der moderne Historiker nicht einfach ausschalten bei der Lektüre der Quellen, die die Selbstverständlichkeit des Metaphysischen und des Metahistorischen voraussetzen. Er kann zum Beispiel nicht Aussagen als selbstverständlich gültig übernehmen, die metaphysische Wesen im Sinne des vorneuzeitlichen Weltbildes als

---

[17] Die Auferweckung Jesu von den Toten. Ursprung und Geschichte einer Selbsttäuschung, Lüneburg 2002, S.31

innerweltliche oder innergeschichtliche Faktoren einführen, wie er ja auch die Grenzen der wissenschaftlichen Methode überschreitet, wenn er von sich aus historisch Problematisches durch metaphysische Aussagen zu erklären, d. h. selbstverständlich zu machen versucht.“

So steht das Christentum mit seiner vom Wunder erleuchteten und verklärten Vergangenheit vor herausfordernden Fragen und Antworten, die langfristig über seine Zukunft entscheiden. Kann nachhaltig an einen Gott geglaubt werden, der weltjenseitig ist und der unerklärlich wunderbar in das natürliche Geschehen eingegriffen hat und auch noch eingreift – wie in jedem Messopfer, bei der Spendung des Taufsakramentes und bei der Lossprechung von meinen Sünden im Beichtsakrament? Müssen wir stattdessen nicht einen Gott suchen, dessen Bild und Wesen aus dem Zusammenspiel religiöser, mystischer und philosophischer Traditionen abgeleitet wird und auch naturwissenschaftlichen Erkenntnissen nicht widerspricht?
Der Physiker und Naturforscher Max Planck schreibt dazu: „Die unablässig auf unanfechtbar sicheren Pfaden fortschreitende Naturerkenntnis hat dahin geführt, dass es für einen naturwissenschaftlich einigermaßen Gebildeten schlechterdings unmöglich ist, die vielen Berichte von außerordentlichen, den Naturgesetzen widersprechenden Begebenheiten, von Naturwundern, die gemeinhin als wesentliche Stütze und Bekräftigung religiöser Lehren gelten und die man früher ohne kritische Bedenken einfach als Tatsachen hinnahm, heute noch als auf Wirklichkeit beruhend anzuerkennen. Wer es also mit seinem Glauben wirklich ernst meint und es nicht ertragen kann, wenn dieser mit seinem Wissen in Widerspruch gerät, der steht vor der Gewissensfrage, ob er sich überhaupt noch ehr-

lich zu einer Religionsgemeinschaft zählen darf, welche in ihrem Bekenntnis den Glauben an Naturwunder einschließt.
Schritt für Schritt muss der Glaube an Naturwunder vor der stetig und sicher voranschreitenden Wissenschaft zurückweichen, und wir dürfen nicht daran zweifeln, dass es mit ihm über kurz oder lang zu Ende gehen muss.“[18]
Ähnlich sagt Albert Einstein: „Ich kann mir keinen persönlichen Gott denken, der die Handlungen der einzelnen Geschöpfe direkt beeinflusste oder über seine Kreaturen direkt zu Gericht säße... Wer von der kausalen Gesetzmäßigkeit allen Geschehens durchdrungen ist, für den ist die Idee eines Wesens, welches in den Gang des Weltgeschehens eingreift, ganz unmöglich... Meine Religiosität besteht in einer demütigen Bewunderung des unendlichen überlegenen Geistes, der sich in dem Wenigen offenbart, was wir mit unserer schwachen ... Vernunft von der Wirklichkeit zu erkennen vermögen."[19]

Hinter dem auf Wundern bauenden Weltbild steht prosaisch die Überzeugung, dass die eigentliche Wirklichkeit nicht der irdischen, sondern einer streng transzendenten, jenseitigen Welt zukommt. Der Theologe Willigis Jäger sagt dazu: „In der von ihm [Aristoteles] entwickelten Theologie thront Gott über allem. Er ist nicht der Gott, der in allem west, er ist der Gipfel der Schöpfung, aber er ist nicht in der Schöpfung. Er ist das Ziel, zu dem alles hinstrebt. Aber er fließt nicht in der Schöpfung. Der Gott des Aristoteles ist nicht überfließende Fülle, die sich als Schöpfung offenbart. Unter dem Einfluss dieser aristotelischen Philosophie prägten

---

[18] Religion und Naturwissenschaft, in: Physik und Transzendenz, Herausgeber Hans-Peter Dürr, Bern 2021, S. 35.

[19] Albert Einstein, Einstein sagt, München 1997, S. 200.

im Mittelalter Albert der Große und Thomas von Aquin die christliche Theologie. Nun wurde die Vorstellung von einem außerweltlichen Gott dominant, der, wie der altisraelitische Jahwe, von außen das Schicksal seiner Welt bestimmt."[20]

Bis heute kommt dem christlichen Glauben an das Eingreifen jenseitiger göttlicher Mächte in unser Leben eine nicht zu unterschätzende Bedeutung zu – allerdings nicht nur wunderbar verklärend, sondern auch konkret fordernd – mit zuweilen erschreckenden Konsequenzen.
Vor allem auf dem Gebiet der Moral entsteht die Gefahr, Gegebenheiten der Natur durch vermeintlich höhere göttliche Verfügungen außer Kraft zu setzen. Biblisch vergleiche man die in den Büchern Esra und Nehemia zwanghaft verfügte Trennung der Ehe zwischen Juden und Heiden. Gott bestimmt, dass Menschen, die in Ehe und Familie zusammen gefunden haben, aus religiösen Gründen auseinander gerissen werden. Verfügungen, die das Leben vieler Menschen beeinträchtigt und zerstört haben. Bis heute sind Gebote auf dem Gebiet der Sexualmoral im Christentum teilweise von den Gesetzen der Natur her nicht zu begründen oder widersprechen ihnen sogar. In anderen Religionen und Kulturen sind sie anders verfügt worden.
Die römisch-katholische Kirche lehrt, dass jede sexuelle Handlung und Tätigkeit außerhalb der Ehe als Sünde zu werten ist. Das ist vom Naturrecht her nicht zu begründen. Ein Ärgernis, das viele Menschen in der Kirche dazu bringt, einfach daran vorbei zu leben oder sich zu verabschieden. Bisher gelingt es den offiziellen Verlautbarungen der Kirche zur Moral nicht, Wege zu einem liberaleren Umgang zuzulassen und

[20] Die Welle ist das Meer, Freiburg 2002, S. 17.

aufzuzeigen. Strittig und von vielen Menschen heute besonders abgelehnt sind die strikten Verbote auf dem Gebiet der Empfängnisverhütung. Tief schneidet in das Leben vieler Menschen auch das nur religiös begründete, strikte Verbot einer Wiederverheiratung nach vorheriger Ehescheidung ein.
Der jenseitsorientierte Glaube des Christentums stößt mit dem Vertrauen auf eine von Wundern getragene jenseitige Wirklichkeit und mit den daraus abgeleiteten ethisch-moralischen Forderungen an Grenzen, die unbedingt aufgebrochen werden müssten. Es wird unverzichtbar, Gott in Übereinstimmung mit den Gesetzen der Natur anzunehmen; ihn als das innerste Wesen aller Dinge und als eine sich in den Kräften der Natur offenbarende Wirklichkeit zu sehen. Ist Gott eine von außen wirkende numinose Gewalt – ein beherrschendes jenseitiges Über-Ich – oder ist er die unser Selbst im Innersten gestaltende, mit unserem Ich ineinander fließende Lebenskraft.

Die sichtbar werdende Diskrepanz zwischen unserem traditionellen und wie selbstverständlich verinnerlichten Gottesbild und dessen kritischer Infragestellung wird als bedrohliche Herausforderung wahrgenommen. Die Widersprüche stehen sich so schroff und unversöhnlich gegenüber, dass ein Umdenken auf breiter Ebene kaum denkbar scheint. Dennoch sollte man sich nicht darüber hinwegtäuschen, dass die Antworten langfristig über die Glaubwürdigkeit und damit über eine lebendige Zukunft des Christentums entscheiden. Die Zahl der Menschen, die sich eine Bevormundung durch übernatürlich und widernatürlich abgeleitete moralische Normen nicht mehr gefallen lassen, wird beständig größer und lauter.

Ja, der Glaube muss auf ein anderes Fundament gestellt werden, ein Fundament, das den neuen Erkenntnissen der Naturwissenschaften gerecht wird. Wie sich später noch genauer zeigen wird, steht die ursprüngliche Verkündigung Jesu modernen Fragestellungen und Vorgaben deutlich näher als die späteren Lehren christlicher Orthodoxie.[21] Fragen der Sexualität spielen zum Beispiel in der Verkündigung Jesu mehr oder weniger keine Rolle, während sie den Apostel Paulus und die frühen Kirchenväter bis hin zu Aurelius Augustinus offenbar bedrückend umtreiben. Die Konzentration auf die Person Jesu kann helfen, manche Glaubensfragen entspannter und naturnäher anzugehen.

Auch wenn im weiteren Verlauf die Gottesbilder des Judentums und der frühen kirchlichen Lehre aufgezeigt und befragt werden, lässt die Verkündigung Jesu deutlich lebensnähere und menschenfreundlichere Zugänge erkennen. Das vom Wunderglauben getragene und verklärte Fundament wird sich mit Sicherheit auflösen; es war und ist nur ein Scheinfundament, dem von einer modernen Weltsicht unaufhaltsam die Standfestigkeit entzogen wird. Erkenntnisse der Naturwissenschaften und der Evolution sprechen hier eine eindeutige Sprache. Nur wenn die Kirche sich umorientiert, hat sie langfristig eine Überlebenschance.

---

[21] Vgl. die Ausführungen in Kapitel 8.

2.2 Gott: personal – transpersonal

Grundsätzlich steht hinter dem Glauben an eine jenseitige Welt die Frage nach dem Wesen Gottes. In der Geschichte der Naturreligionen schwanken die Vorstellungen immer wieder zwischen einem direkten, persönlichen Bezug zu Gott oder zu einer Gottheit, die man gleichzeitig als transpersonale, naturhafte Wirklichkeit verehrt. Im Alten Ägypten verehrt man den Gott Amun als den „Einen, der sich zu Millionen macht." Von der Göttin Isis heißt es, sie sei „una quae est omnia", (die eine, die alles ist). Personalität bedeutet nicht abgegrenzte, unnahbare Individualität – nicht exklusive Einzigkeit sondern inklusive Allheit.[22] Sie vermittelt persönliche Nähe und gleichzeitig das Eingebundensein in die unendliche Vielfalt der Welt und des Lebens. In dieser Offenheit des Glaubens haben die Menschen für sich persönliche Erfüllung und notwendiges Richtmaß für sittliches Handeln gefunden.
Auch in den antiken Religionen, in der griechischen Philosophie und in der spätantiken Stoa wird Gott in einer Vielzahl von Göttern angebetet. Gleichzeitig aber ist er alles durchflutende und miteinander verbindende Geistigkeit und Wirkmacht. So schreibt der Begründer der stoischen Philosophie Zenon von Kition: „Es existiert ein Gott und Geist und Schicksal und Zeus, der auch mit vielen anderen Namen genannt wird."[23] Der römische Kaiser und Philosoph Marc Aurel schreibt in seinen Selbstbetrachtungen: „Alles ist miteinander verflochten, und die Verbindung ist etwas Heiliges... Es gibt nämlich nur einen Kosmos, der aus allem was

[22] Vgl. dazu nochmals die Ausführungen von Meister Eckhart in Kapitel 1.3.
[23] Zitiert nach Martin Hengel, Judentum und Hellenismus, Tübingen 1973, S. 477f.

existiert, besteht, nur einen Gott, der in allem ist, nur eine allen denkenden Wesen gemeinsame Vernunft."[24]

Ähnlich ist es in den Religionen Asiens. Dort verkörpern Gott und die Götter bei aller Vielnamigkeit auch immer »Allganzheit«.. Dem später erläuterten anthropozentrischen, jüdisch-christlichen Weltbild steht ein kosmozentrisches gegenüber.[25] So sagen die Upanishaden, heilige Schriften der Hindus, von Gott: „Der eine Gott verbirgt sich in allen Wesen. Er ist das all-durchdringende, all-erfüllende innere Selbst aller Wesen; der Wächter über allem Tun... Das Selbst wohnt in allen Wesen, es ist im Innern aller Wesen; die Wesen aber kennen es nicht; alle Wesen sind sein Leib, es lenkt alle Wesen von innen. Es ist ungesehen, aber sehend; ungehört, aber hörend; ungedacht, aber der Denker (mantar)."[26]

Der Gott oder besser die Gottheit Brahman steht als Weltseele für kosmische Universalität, die gleichzeitig die innerste Mitte und Konzentration individuell persönlichen Lebens ist. In der Brhadaranyaka-Upanishad heißt es: „Wahrlich, dieses ganze All ist Brahman ... Dieses (Brahman) ist meine Seele im Innern des Herzens, die winziger ist als ein Reiskorn, ein Gerstenkorn oder ein Senfsamen ... Dieses (Brahman) ist meine Seele im Innern des Herzens, die größer ist als die Erde, größer als der Luftraum, größer als der Himmel, größer als diese Welten ... Diese meine Seele im Innern des Herzens, sie ist das Brahman. In ihm werde ich, wenn ich von hinnen scheide, aufgehen."[27]

---

[24] Wege Zu Sich Selbst, München 1990, VII,9.

[25] Vgl. Francis X. D'sa, Gott der Dreieine und der All-Ganze. Vorwort zur Begegnung zwischen Christentum und Hinduismus. Ostfildern 1987

[26] Zitiert nach Heinrich Zimmer, Philosophie und Religion Indiens, Zürich 1976, S. 328f.

[27] Zitiert nach Hans Wolfgang Schumann, Die großen Götter Indiens. Grundzüge von Hinduismus und Buddhismus. München 1996. S. 18

In der Bhagavadgita, der »Bibel« des Hinduismus, sagt der Gott Krishna von sich: „Ich bin der Geschmack in den Wassern... Ich bin das Licht von Sonne und Mond, Ich bin... der Klang im Äther und die Mannhaftigkeit in den Männern. Ich bin der reine Wohlgeruch der Erde, die Leuchtkraft im Feuer. Ich bin das Leben in allen Wesen. Erkenne mich als den ewigen Samen aller Wesen! Ich bin die Vernunft des Vernünftigen, die Kraft des Kraftvollen."[28]

Nicht zu vergessen auch die Religion des Buddhismus. Der Buddha ist als Individuum ins Nirwana eingegangen, also als Person nicht anwesend. Aber in seiner Lehre wird er als persönlich gegenwärtig erfahren. Überliefert ist sein Wort: „Wer den Dharma [die Lehre] schaut, schaut mich; wer mich schaut, schaut den Dharma.“ Buddhistischer Glaube richtet sich nie nach außen, an jemanden oder etwas. Ihm geht es darum, innere, geistige Räume als Heils- und Lebensräume aufzuschließen. Das sind »Allgüte«, »Mitgefühl«, »Mitfeude« und »Gleichmut«. Das Heil erlangt man nicht, indem man Götter oder jenseitige Wirklichkeiten anruft, sondern indem man die eigene, innere Gestimmtheit öffnet und aktiviert. So heißt es in der immer wieder meditierten Metta Sutta: „Wem klar geworden ist, dass der Frieden des Geistes das Ziel seines Lebens ist, der bemühe sich, bereit zu sein, offen und wahrhaftig, sanft und ohne Stolz. Er sei einfach, zufrieden und bedürfnislos, ruhig und besonnen, nicht dreist, nicht gierig und nicht viel geschäftig... Ob im Gehen oder Stehen, im Sitzen oder Liegen möge man Wachheit und eine solche Gesinnung entfalten: das nennt man Weilen im Heiligen.“ Letztes Ziel auf der Suche

[28] Die Bhagavadgita, VII. Yoga der Erkenntnis und Weisheit, 8-10.

nach Heil ist der »Frieden des Geistes« und nicht die Hinwendung zu einem Gott oder transzendenten Wesen.

Die aufgeführten Beispiele aus der Religionsgeschichte wollen verdeutlichen, dass eine Religion den Menschen nicht erst dann erfüllen kann, wenn Gott als individuell personales Gegenüber gesichert ist. Man erlebt Gott als eine Kraft, die die eigene Person durchflutet, als Gegenüber, das das eigene Ich belebt und mit ihm verschmelzen kann. Seine Wirklichkeit wird transzendent und immanent, personal und transpersonal erfahren.

2.3 Die monotheistische Revolution

Allen anderen Religionen tritt das Judentum mit seinem Anspruch entgegen, dass es nur einen einzigen, allmächtigen Gott gibt, den Gott Jahwe. Er wird streng personal und sogar anthropomorph vorgestellt und betont intolerant seine unvergleichliche Einzigartigkeit. Er beansprucht für sich und die ihm zugehörige Religion, allein im Besitz der Wahrheit zu sein. Alle anderen Religionen und Bekenntnisse sind falsch und verderblich.

Der Ägyptologe Jan Assmann schreibt dazu in seinem Buch »Moses der Ägypter«[29]: „Die Unterscheidung, um die es... geht, ist die Unterscheidung zwischen wahr und unwahr in der Religion, die spezifischeren Unterscheidungen zugrunde liegt wie die zwischen Juden und gojim, Christen und Heiden, Muslimen und Ungläubigen. Wenn diese Unterscheidung einmal getroffen wird, dann kehrt sie innerhalb der durch sie gespaltenen Räume endlos wieder. Wir fangen an mit Christen und Heiden und enden bei Katholiken und Protestanten, Lutheranern und Calvinisten, Sozinianern und Latitudinariern und tausenden ähnlicher Bezeichnungen und Unterbezeichnungen.
Solche kulturellen, religiösen oder intellektuellen Unterscheidungen konstruieren nicht nur eine Welt, die voller Bedeutung, Identität und Orientierung, sondern auch voller Konflikt, Intoleranz und Gewalt...
Daher war die Mosaische Unterscheidung etwas radikal Neues, das die Welt, in der sie getroffen wurde, erheblich veränderte... Ich möchte diesen neuen Religionstyp Gegenreligion nennen, weil er alles, was ihm vorausgeht und was außerhalb seiner liegt, als Heidentum ausgrenzt. Ge-

29 Wien 1998, S. 17 und 20.

genreligionen fungieren nicht als Medium interkultureller Übersetzung; ganz im Gegenteil wirken sie als ein Medium interkultureller Verfremdung. Während der Polytheismus oder besser Kosmotheismus die verschiedenen Kulturen einander transparent und kompatibel machte, blockierte die neue Gegenreligion interkulturelle Übersetzbarkeit. Unwahre Götter kann man nicht übersetzen."

Der Theologe und Psychoanalytiker Dieter Funke schreibt: „In Jahwe erscheint Gott als jemand, der nicht nur aus Ägypten befreit, sondern von mannigfachen Abhängigkeiten, z.B. von der Natur und ihren Kreisläufen, die vor allem durch die kanaanitischen Fruchtbarkeitsgöttinnen repräsentiert wurden. Im Zuge dieser Emanzipation von den bindenden Erdkräften hat sich der befreiende Jahwe-Gott selbst gelöst von allem Erdhaft-Weiblichen. Als »Mann« wurde er zunehmend mehr zu einem Gesetzes-Gott, unanschaulich und abstrakt."[30]

Das apostolische Christentum hat das monotheistische Bekenntnis übernommen, indem es seinen Begründer Jesus von Nazareth als Sohn dieses einzigen Gottes proklamierte. Konkret übernimmt es mit damit natürlich auch die zugehörigen Ansprüche: alleiniger Besitz der Wahrheit, alleinige Vermittlerin von Heil und einzig legitimierte Hüterin der Moral. Dass dieser Gott seinen Sohn am Kreuz als Gotteslästerer hinrichten ließ, verschwindet im theologischen Nebel ungeklärter Nachfrage und überraschender Neudeutung.[31]

---

[30] Der halbierte Gott. Die Folgen der Spaltung und die Sehnsucht nach Ganzheit, München 1993, S. 22.
[31] Vgl. oben S. 21ff.

2.4 Widerspruch

Mit diesem Anspruch fordert das jüdisch-christliche, monotheistische Bekenntnis erheblichen Widerspruch heraus und verliert zusehends an Glaubwürdigkeit und Zustimmung. Die Charakterisierung als »Gegenreligion« drängt es in die Position unangepasster Fremdheit. Ganz allgemein wird es als überheblich, autoritär und unglaubwürdig wahrgenommen.

Die Fixierung des Glaubens auf einen einzigen, individuell personalen Gott widerspricht aber den grundlegenden Forderungen einfacher Rationalität und Logik. Personalität bedeutet in anthropomorpher Deutung immer Ausschnitt und Begrenzung. Ein Ich ist immer nur in Ausgrenzung aus einem umfassenden All denkbar. Ein ich-zentrierter Gott, wie er vor allem im Alten Testament durch seine massive Betonung der Einzigartigkeit hervortritt, kann allenfalls als Volksgott und niemals als universale, unendliche Wirklichkeit verstanden und akzeptiert werden. Mag das auch noch so selbstüberzogen propagiert werden. Erschwerend kommt hinzu: Wenn die Personalität Gottes anthropomorph verdichtet wird, erscheint dieser Gott auch mit dem Makel menschlicher Schwächen. Die in den Texten des alten Testamentes sehr häufig dargestellten und schon umschriebenen Ausbrüche von Zorn, Hass und Gewalttätigkeit haben die Glaubwürdigkeit dieses Gottes schon oft in Frage gestellt.

Dabei gefährdet heute nicht die Konkurrenz anderer Religionen den Monotheismus. Unübersehbar wird die sich weltweit durchsetzende naturwissenschaftlich geprägte Sicht auf die Religionen und ihren Anspruch auf Glaubwürdigkeit und Anerkennung. Der wissenschaftlich fundierte und gesicherte Zugang zu den literarischen Quellen des Glaubens lässt deutlicher zwischen glaub- und unglaubwürdig unterscheiden. So sind es auch die Erkenntnisse der Evolutionslehre, die fundamentale, traditionelle Dogmen des monotheistischen Glaubens an einen allmächtigen, ewigen Gott aus der Welt rationaler Aufklärung verdrängen.

Schon im 17. Jahrhundert fasste Baruch Spinoza seine Philosophie unter dem Titel zusammen: „Deus sive natura“ (Gott oder die Natur). Dazu sagt er in einem Brief: „Ferner, dass ich Gott von der Natur nicht so trenne, wie es alle, von denen ich Kenntnis habe, getan haben. So habe ich über Gott und Natur eine ganz andere Meinung als jene, die von den modernen Christen gewöhnlich vertreten wird. Ich fasse nämlich Gott als die immanente und nicht als die äußere Ursache aller Dinge. Ich behaupte eben, dass alles in Gott lebt und webt."[32]

Die jüdische Synagogengemeinde von Amsterdam hat gegen ihn den fürchterlichsten Bannfluch ausgesprochen, der denkbar war. Er wurde gebannt nicht nur für dieses irdische Leben, sondern auch für die Ewigkeit. Immerhin sagt Albert Einstein heute dazu: „Ich glaube an Spinozas Gott, der sich in der gesetzlichen Harmonie des Seienden offenbart, nicht an einen Gott, der sich mit dem Schicksal und den Handlungen der Menschen abgibt.

Meine Überzeugungen sind denjenigen Spinozas verwandt: Bewunderung für die Schönheit und Glaube an die logische Einfachheit der Ordnung und Harmonie, welche wir demütig und nur unvollkommen fassen können.“[33]

---

[32] Brief an Heinrich Oldenburg, zitiert nach Artikel »Deus sive natura« in Wikipedia.
[33] Einstein sagt, S. 201 und 215.

Pauschal verteidigt wird der monotheistisch geprägte Glaube vor allem mit dem Hinweis auf die Jahrtausende alten Traditionen, die auf übernatürlichen, göttlichen Offenbarungen beruhen, wie sie im Alten Testament und im Koran niedergelegt sind. Der eine, einzige Gott hat sich auserwählten Menschen geoffenbart und wird auf deren Zeugnis hin gläubig anerkannt und angebetet. Auf dieser Ebene wird der Glaube alltäglich gelebt und wenig hinterfragt. Lässt die Vernunft Zweifel aufkommen, so werden sie überspielt und verdrängt. Wir glauben, weil wir so erzogen worden sind und in einer zugehörigen Umwelt leben, die beständig bestätigt und einfordert, was wir zu glauben haben. Wir folgen dem, bis eine Vielzahl von äußeren und inneren Stimmen Zweifel aufkommen lässt und eine eigene, persönlich geprüfte Antwort verlangt. Offenkundig sind es immer mehr Menschen, die an den vorgegebenen »Wahrheiten« zweifeln und aus den vorgegebenen Antworten ausbrechen. Der Blick auf alle nicht monotheistischen Religionen und auf die populärer werdenden Erkenntnisse der Naturwissenschaften lassen ein anderes Gottesbild glaubwürdig und überzeugend werden.

Wenn das Christentum angesichts der oben dargelegten Vielfalt im Umgang mit der Personalität Gottes in seiner Entscheidung besonders herausgefordert ist, dann weil es aus der jüdischen Tradition herstammt und darin verwurzelt ist. Im jüdischen Verständnis erhält die Personalität Gottes eine besonders enge und strikt anthropomorphe Definition. Neben den schon genannten dunklen und negativen Eigenschaften verkörpert er auch ein Wesen, das nicht nur gegen äußere Feinde sondern auch in der eigenen Glaubensgemeinschaft zuschlägt, wenn man sich seinen

Geboten und Forderungen nicht bedingungslos unterwirft.[34] Für die christliche Auseinandersetzung und Entscheidung sollte zumindest gelten: Wenn schon *ein* Gott, dann doch keiner, in dem sich auch die Abgründe menschlicher Unzulänglichkeit spiegeln.

Auch hier kann ein Blick auf die Person Jesu weiterhelfen. Zweifelsohne spricht Jesus als Jude von *einem* Gott, den er mit Vorliebe Vater nennt. Auf den Gott Jahwe mit all seinen intoleranten und gewalttätigen Eigenschaften bezieht er sich an keiner Stelle.[35] Auch fehlen bei ihm die im Judentum üblichen Steigerungen von *einem* zu einem *einzigen* Gott. Jesus ist offenkundig an einer differenzierten Gotteslehre nicht interessiert. »Sein« Gott setzt sich nicht polemisch von anderen ab und ist nicht Herr einer kleinen auserwählten Volksschar. „Er lässt seine Sonne aufgehen über Bösen und Guten, und lässt regnen über Gerechte und Ungerechte“ (Mt 5,45). So ist seine Verehrung auch nicht an einen besonderen Ort gebunden. Da er Geist ist, gilt: „Alle, die ihn anbeten, müssen im Geist und in der Wahrheit anbeten“ (Joh 4,24). Spuren eines monotheistisch verengten Gottesbild sind in der Verkündigung Jesu nicht zu finden. Insgesamt fehlen bei ihm alle Bezüge auf die im Judentum zentralen Geschehnisse des Exodus und der Landnahme, beides Bereiche, die in der Darstellung sehr gewaltbesetzt sind. Wenn die spätere apostolische Verkündigung im traditionell herkömmlichen Sinne von Gott spricht, folgt

---

[34] Vgl. die Hinrichtung von 3000 Anbetern des »goldenen Kalbes« im Buch Exodus 32,26ff und die Bestrafung durch Feuerschlangen im Buch Numeri 21,5, weil das Volk in der Wüste den Mut verliert und sich auflehnt. Das Buch Numeri 15,32ff erzählt von einem Mann, der am Sabbat Holz gesammelt hat und deshalb gesteinigt wird. Gemäß Numeri 25 müssen vierundzwanzigtausend Menschen bei einer Plage sterben, weil die Israeliten verbotene Beziehungen zu moabitischen Frauen aufgenommen haben. Die sogenannte Reform des Josia im zweiten Buch der Könige 23,1ff beinhaltet umfassende, gewaltsame Räumungsaktionen im Bezug auf Orte, Kultgegenstände und Menschen.

[35] Vgl., Richard Glöckner, War Jesus Monotheist?, in: Wie heute noch an Gott glauben/glaubwürdig von Gott sprechen?, Berlin 2006, S. 213-218

sie nicht Jesus, dem Begründer des Glaubens, sondern den traditionellen jüdischen Vorgaben.

Auf christlicher Seite hat Meister Eckhart es schon gewagt, in kosmisch offener Weise von Gott zu sprechen. In der Predigt 80 sagt er: „Er ist die erste Ursache, deshalb ergießt er sich hinein in alle Dinge. Er ist ausquellend, deshalb fließt er aus in alle Dinge. Er vereint sich mit den Dingen und erhält sich doch als Eins in sich selbst und alle Dinge in sich als Eins... Davon spricht eine Weissagung, dass alle Dinge so klein seien gegen Gott wie ein Tropfen gegen das wilde Meer. Wenn man einen Tropfen in das wilde Meer gösse, so verwandelte sich der Tropfen in das Meer und nicht das Meer in den Tropfen. So geschieht es der Seele. Wenn Gott sie in sich zieht, so wird sie verwandelt in Gott, so dass die Seele göttlich wird, nicht aber Gott zur Seele..."

Nicht zufällig wird dieses Wort von Eckhart immer wieder zitiert. Mit diesem Bildvergleich lässt sich sehr gut ein Empfinden persönlichen Übergangs in eine umfassende und erfüllende Lebenswirklichkeit veranschaulichen – der Tropfen und das Meer. An anderer Stelle umschreibt Eckhart die Nähe von Gott und Mensch mit dem Bildwort, dass die Seele von Gott „wie ein Licht vom Licht empfängt" (Predigt 24). Er ist in der Seele wie ein »Same« und »lebendiger Brunnen«. Er heißt »Herr«, nicht, dass er über uns herrsche, sondern „dass er uns erfülle und uns mit sich vereine" (Predigt 47).

Friedrich Heiler schreibt in seinem Buch »Erscheinungsformen und Wesen der Religion«[36]: „Der Gottesbegriff zeigt in allen Religionen eine doppelte Tendenz: zum PERSONALISMUS UND IMPERSONALISMUS. Nach Thomas von Aquin ist die Person das Vollkommenste, was in der ganzen Natur, und zwar der rationalen Natur, existiert. Dieser These steht gegenüber die Behauptung mystischer Denker, dass die Person eine Zweiheit voraussetzt, dass aber die Vollkommenheit in der Einheit besteht. Das Ringen zwischen Personalismus und Impersonalismus zieht sich durch die ganze Religionsgeschichte. Schon auf primitiver Stufe kreuzen sich ständig der Glaube an die unpersönliche Macht, das *Numen*... und an ein persönliches Geistwesen...In der christlichen Theologie und Mystik fand eine stete geheime Auseinandersetzung zwischen Personalismus und Impersonalismus statt. Die Tendenz zum Impersonalen ist in ihr sehr stark.“

Wie man die theoretisch einander widersprüchlich und unvereinbar gegenüberstehende Vorstellungen in einem lebendigen Glauben vereinen und versöhnen kann, bringt Leo Tolstoi in einem eindrucksvollen Glaubensbekenntnis zur Sprache: „Ich glaube an Gott, den ich als Liebe, als Urquell begreife. Ich glaube daran, dass Er in mir ist und ich in ihm bin. Ich glaube daran, dass der Wille Gottes am klarsten in dem Menschen Jesus Christus zum Ausdruck gelangt ist... Ich glaube daran, dass das wahre Heil des Menschen in der Erfüllung des Willens Gottes besteht, dass es aber auch sein Wille ist, dass die Menschen sich gegenseitig lieben... Ich glaube daran, dass der Sinn des Lebens eines jeden Menschen nur in der innerlichen Steigerung der Liebe besteht, dass diese

[36] Stuttgart 1979, S. 468f

Steigerung der Liebe den einzelnen Menschen (schon) in diesem Leben zu immer größerem Heil führt, und nach diesem Leben ein um so größeres Heil bringt, je mehr Liebe in dem Menschen gewachsen ist. Und ich glaube, dass das Gebet ein wichtiges Mittel zur Förderung der Liebe ist, denn es lässt den Sinn des Lebens bewusst werden und bestärkt darin, den Willen Gottes zu erfüllen."[37]

[37] Aus einem Bekenntnisschreiben angesichts der Anklagen der russisch-orthodoxen Kirche.

2.5 Konsequenzen

a) Verwaltete Gnade

Die Konzentrierung aller Macht auf eine Gestalt, auf einen einzigen Gott und dessen eingeborenen Sohn Jesus Christus, provoziert die Versuchung, als Vertreter und Sachwalter dieser Autorität aufzutreten. Theologisch hat sich die Vorstellung entwickelt und eingeprägt, dass Jesus Christus durch sein Werk der Erlösung die einzige und umfassende Quelle von Gottes verzeihender Gnade ist. Diesen Schatz der Gnaden hat er der Kirche anvertraut, die nun berechtigt ist, darüber zu wachen und ihn gerecht an die Gläubigen auszuteilen. Der einzelne Gläubige steht nicht mehr unmittelbar vor Gott, sondern seine Beziehung ist immer vermittelt durch die Kirche.

Ein zentraler Punkt des Lebens und des Glaubens ist der Umgang mit Sünde und Schuld. Vom Glauben her ist Gott die letzte Instanz, die Sünde und Schuld vergeben und den Menschen endgültig entlasten kann. Jesus hat auf die von Gott verliehene Vollmacht, Sünden zu vergeben, großen Wert gelegt. Die frühe Kirche hat sich nachdrücklich bestätigen lassen, dass ihr diese Vollmacht übertragen worden ist. Sie lässt schon den irdischen Jesus dem Apostel Petrus sagen: „Was du auf Erden binden wirst, wird auch im Himmel gebunden sein, was du auf Erden lösen wirst, das wird auch im Himmel gelöst sein“ (Mt 16,18ff). In der geschilderten Szene wird vergessen, dass zu diesem frühen Zeitpunkt die Vorstellung einer fest strukturierten Kirche kaum vorhanden gewesen sein kann.

In einer zentralen Szene aus dem Johannesevangelium (20,21f) heißt es: „Jesus sagte noch einmal zu ihnen: Friede sei mit euch! Wie mich der Vater gesandt hat, so sende ich euch. Nachdem er das gesagt hatte, hauchte er sie an und sprach zu ihnen: Empfanget den Heiligen Geist! Wem ihr die Sünden vergebt, dem sind sie vergeben; wem ihr die Vergebung verweigert, dem ist die verweigert." Bezeichnend ist, dass dieses Wort in den Bereich des viel engeren Zeugenkreises weniger Jünger nach Ostern verweist. Das nachösterliche Herkommen macht das Wort geheimnisvoll und beansprucht Unbestreitbarkeit, erweckt aber auch den Verdacht einer späteren Einfügung, die der Konstituierung und Leitung der Kirche dienlich sein soll. Entscheidend ist, dass eine doppelte Vollmacht erteilt wird. Ergänzend spricht der Apostel Paulus im Brief an die Galater (1,8f) zweimal die Drohung aus: „Wer euch ein anderes Evangelium verkündigt, als ihr angenommen habt, der sei verflucht." Eine Formulierung, der im Alten Testament die Worte entsprechen: den Bann vollziehen.

Im Laufe der Kirchengeschichte ist die Vollmacht, zu binden und Sünden zu behalten oder den Bann auszusprechen, von der Kirche oft als Druckmittel in religiösen und auch politischen Zusammenhängen benutzt und missbraucht worden. Schon früh hat sie damit begonnen, Häretiker auszuschließen. Auf höherer gesellschaftlicher und politischer Ebene vollzog man rituelle Bannsprüchen und entsprechende Riten der Losbesprechung und Versöhnung. Geschichtlich setzte sich durch, die von Jesus Christus verliehene Vollmacht im Vollzug eines sakramentalen Aktes zu gestalten und durchzusetzen. Auch simple Machtansprüche wurden in den Nimbus übernatürlicher Vollmacht getaucht.

In dem Maße, wie die Kirche politische Macht und Vollmacht erlangte, weitete sich die geistige Vollmacht auch in den gesellschaftspolitischen Raum aus. Wer exkommuniziert wurde, verlor religiöse und zivile Rechte. Im mittelalterlichen Kampf zwischen Papst und Königtum wurde die sakramentale Vollmacht eine gefährliche Waffe. Als 1521 über Martin Luther die Reichsacht verhängt wurde, war er gesellschaftlich ausgeschlossen und vogelfrei. Die römische Kirche hat die von ihr eingeforderte Vollmacht, zu binden und zu lösen, Sünden zu vergeben und sie zu behalten, umfassend zu verwalten gewusst und herrschaftlich damit über lange Zeit regiert.

Auch im alltäglichen Leben spielte der Umgang mit Schuld, Sünde und Vergebung eine große Rolle. Für die Gläubigen entwickelte sich die Praxis einer persönlichen Beichte heraus. Grundsätzlich ist der Mensch vor Gott zwar direkt verantwortlich, aber konkret setzten sich die Lehre und der Ritus durch, von den Sünden durch sakramentale Lossprechung befreit zu werden. Darin lag und liegt eine Handhabe zu weitreichender moralischer Kontrolle, da die Strafe ewiger Verdammnis droht, wenn man im Zustand einer schweren Sünde oder der Exkommunikation stirbt. De facto ist zwischen Gott und den Menschen eine unumgängliche Instanz der Vermittlung geschoben. In gewisser Weise verwaltet die Kirche grundsätzlich die von Gott zugesagte Gnade und Vergebung.

Im Lauf der Zeit wurde die Beichtpraxis aber mehr und mehr als moralischer Druck empfunden. Vor allem Reglementierungen im Bereich Sexualethik riefen Widerstand und Ablehnung hervor. Vor ein paar Jahrzehnten ging durch weite Kreise der Kirche so etwas wie Verweigerung der Beichte. Bußandachten zogen Scharen von Menschen an, während die Beichtstühle leer blieben. Allerdings ist auch diese Praxis mehr und mehr verebbt. Viele Gläubige entschieden und entscheiden sich, ihr Verhältnis zu Gott wieder persönlicher und unmittelbar zu verstehen.

Auch wenn Priester in ideeller Überhöhung ihrer Autorität und Vollmacht als geweihte Bevollmächtigte Gottes Sünden vergeben oder behalten, sind es Menschen oder genauer Männer, die hier agieren. Der Nimbus geheimnisvoller Vollmacht ist verloren gegangen. Zudem haben zahllose Skandale erkennen lassen, dass der überhöhte religiöse Anspruch durch menschliche Schwäche infrage gestellt wird. Die jüngsten Skandale sexuellen Missbrauchs ausgerechnet durch geweihte Priester, haben dem Sakrament großen Schaden zugefügt. Die Gestalt des geweihten Priesters wird im Blick auf die jüngste Vergangenheit nicht anziehend und ermutigend sein.

Ungerührt von dieser Problematik gehört es bis heute zur gängigen Praxis, dass schon Kinder bei der Vorbereitung auf die erste Kommunion in das Sakrament der Beichte/Buße eingeführt werden. Diese Verbindung ist typisch für ein Glaubensbewusstsein, dem der Schatten und die Bedrohung durch die Sünde nicht früh genug eingepflanzt werden kann. Die Verbindung mit dem Sakrament der Firmung, das der Mündigkeit und Eigenverantwortung des jungen Menschen zuzuordnen ist, wäre viel angemessener und naheliegender.
Die derzeitige Praxis fördert ein Bewusstsein, dass die Seele nahezu klinisch rein sein muss, will man Gott im Sakrament der Eucharistie begegnen. Die Seele muss zum makellos glänzenden Spiegel aufpoliert werden. Das Gelingen des Festes kontrolliert und garantiert der Empfang des Bußsakramentes. Damit werden die vielfältigen Formen einer kindgemäßen Annäherung an das Sakrament innigster Zuwendung Gottes zum Menschen in die rituellen Abläufe kirchlicher Vermittlung und Kontrolle eingebunden.
Zudem: Wieso muss man ausgewiesen fleckenlos rein sein, wenn man Gott besonders nahekommen will? Kann der Empfang der heiligen Kommunion nicht auch als Hilfe und Unterstützung in bedrückenden Situationen der Schwäche und des Versagens erfahren werden? Die Ge-

fahr eines unwürdigen Empfangs mit folgender Bestrafung hat der Apostel Paulus im ersten Brief an die Korinther (11, 26ff) in den Vordergrund geschoben. Jesus sagt im Matthäusevangelium (11, 28): „Kommt alle zu mir, die ihr euch plagt und schwere Lasten zu tragen habt. Ich werde euch Ruhe verschaffen." Die Kirche sollte die Feier der einzigartigen Hinwendung Gottes zum Menschen nicht durch bedrängende Fragen nach Würdigkeit und drohendem Gericht belasten und sie auch aus der einengenden Struktur ritueller Vermittlung und moralischer Kontrolle befreien. So könnte, „zur ersten heiligen Kommunion gehen", wieder eine kindgerechte Feier von Jesu Vermächtnis und Gottes liebevoller Nähe sein.

Es ist schon immer negativ aufgefallen und kritisiert worden, dass die sakramental gewährte Verzeihung auf einer anderen Ebene geschieht als der des eigentlichen Tatgeschehens. Schwere Schuld oder sogar ein Verbrechen können vergeben werden, ohne dass es eine direkte Auswirkung auf die unmittelbar Betroffenen gibt. In gewisser Weise verläuft das Geschehen in zwei Parallelwelten; die Welt des sozialen Konfliktes und die Welt wunderbarer, von der Kirche vermittelter göttlicher Hilfe. Sollte es zu einer Reform des Bußsakramentes kommen, müsste man in jedem Fall versuchen, diese beiden Welten näher aneinander zu bringen. Im Rahmen menschlicher Beratung lassen Menschen sich ansprechen und auch korrigieren. Dieser Beratung den Status übernatürlicher richterlicher Bevollmächtigung zu geben, werden die Menschen nicht mehr akzeptieren.

Einen deutlichen Vorrang weltjenseitiger Vorstellungen und Bestimmungen gibt es im Bereich des Sakramentes der Ehe. Dieses Sakrament,

das die Eheleute sich gegenseitig spenden und das von der Kirche eigentlich nur bezeugt wird, gerät trotzdem unter den Einfluss und die Abhängigkeit von verschiedenen, oft nicht nachvollziehbaren kirchlichen Normen und Gesetzen. Auch hier will die Kirche den Zugang zu Lebenswirklichkeiten verwalten, die den Betroffenen eigentlich unmittelbar zugehören und in deren autonomer Verantwortung stehen. Die mit der kirchlichen Eheschließung erzwungene Anerkennung der absoluten Unauflöslichkeit der Verbindung wird nachträglich in der Praxis oft als unerfüllbare Forderung erlebt. Auch ein ehrlich gegebenes Versprechen, einander bis zum Tode treu zu sein und sich nicht voneinander zu trennen, kann aus verschiedenen Gründen scheitern und muss einen neuen Anfang zulassen. Dies beglaubigen und bestätigen zahlreiche anthropologische Untersuchungen.
Die unerbittliche Einforderung der (diesmal nur römisch-katholischen) Kirche kann das folgende Leben nachhaltig verunsichern und belasten. Dazu kann es unliebsame und folgenreiche Verquickungen von Sakrament und Recht geben. Falls jemand mit Sicherheit weiß, dass das Sakrament unter falschen Bedingungen gespendet wurde und ungültig ist, muss er das juristisch vor einem Ehegericht beweisen. Natürlich darf er vor dem Urteil nicht heiraten. Bis zur Urteilsfindung können Jahre erzwungener Ehelosigkeit vergehen. Spontane, ehrlich erworbene persönliche Gewissheit und Sicherheit muss sich einer fremden, autoritären Macht unterordnen. Die Kirche verwaltet die berechtigten Ansprüche der Menschen auf naturgegebenes Glück mit dem Hinweis auf ihr verliehene übernatürliche Vollmacht.

Für diesen so weitreichenden Anspruch beruft sich die katholische Kirche auf ein Wort Jesu, dem sie absolute Gültigkeit zuspricht. Das tut sie bei verschiedenen anderen Worten Jesu nicht, nur bei diesem so tief in das Leben von Menschen einschneidenden. In einem Streitgespräch mit den Pharisäern über Ehescheidung formuliert Jesus den Satz. „Was Gott verbunden hat, darf der Mensch nicht trennen“ (Mt 19,6). In der Bergpredigt sagt Jesus zur Frage der Ehescheidung: „Wer seine Frau entlässt, obwohl kein Fall von Unzucht vorliegt, liefert sie dem Ehebruch aus“ (Mt 5,32). Jesus selbst deutet hier einen Ausnahmefall an, bei dem Ehescheidung im Sinne einer Annullierung möglich wäre. Sogar der Apostel Paulus sagt im ersten Brief an die Korinther (1Kor 7,15f), dass eine folgenlose Trennung möglich ist, wenn in einer religionsverschiedenen Ehe der heidnische Partner die Auflösung wünscht. Wörtlich heißt es: „Wenn aber der Ungläubige sich trennen will, soll er es tun. Der Bruder oder die Schwester ist in solchen Fällen nicht wie ein Sklave gebunden; zu einem Leben in Frieden hat Gott euch berufen.“ Wieso die Kirche den einen Satz Jesu in den Rang einer metaphysischen Wahrheit versetzt, ist nicht nachvollziehbar. Da agiert eine Männergesellschaft nach ihren nicht aufgedeckten Motiven und Impulsen.

Die kompromisslosen, rigiden Normen der Kirche auf diesem Gebiet haben sicherlich schon viele Menschen bedrängt und aus der Kirche vertrieben. Jesus hat Ehebruch abgelehnt. Aber was ist das? Für die kirchliche Moral gilt Ehebruch nicht, wenn Paare sich endgültig voneinander trennen. Entscheidend ist, wann und ob einer der Partner sexuellen Umgang mit einem neuen, anderen Partner hat. Allein darauf ist der Blick gerichtet. Die Problematik wird von der Ebene menschlicher Gemeinschaft auf die Ebene sexuellen Umgangs verschoben. Die Gründe, warum eine Ehe gescheitert und aufgelöst worden ist, spielen keine Rolle. Der einmal geäußerte Wille Jesu wird zum metaphysischen Prinzip einer absoluten Unauflöslichkeit erhoben, ob Menschen daran scheitern oder nicht. Auch wenn die getrennten Partner später eine gelingende neue Ehe eingehen, bleibt die früher als unauflöslich eingegangene Verbindung wie ein Makel auf der Vergangenheit liegen. Die neue Ehe ist und bleibt illegitim. Hier setzt sich ein Wirklichkeitsverständnis durch, das fiktiven, übernatürlichen Geboten den Vorrang gegenüber natürlichen Lebenszusammenhängen gibt. Immer weniger Menschen sind bereit, sich diesen Widersprüchen auszusetzen. Und das verlangt eine Kirche, die selber angesichts ihrer moralischen Überforderung und angesichts des Versagens gegenüber fundamentalen gesellschaftlichen Gegebenheiten scheitert. Eine Kirche, die offenkundig an der Wirklichkeit des Lebens vorbei agiert, kann kaum Raum bieten für lebenswillige Menschen.

Die aufgeführte Zusammenstellung neuralgischer Punkte im kirchlichen Leben mag kleinlich und gesucht wirken. Aber in der Zusammenstellung sind es Mängel, die eine Atmosphäre des Unbehagens, des Misstrauens und der Glaubensmüdigkeit schaffen. Hier könnte die Kirche im Vorfeld Entspannung und Entlastung verschaffen. Aber solange kein Problembewusstsein erkennbar wird und Ansätze für eine Neuorientierung ausbleiben, steht die grundsätzliche Neuorientierung wie eine Zumutung und unerfüllbare Herausforderung vor den Verantwortlichen. Das sind und bleiben im öffentlichen Bewusstsein der Papst, die Bischöfe und die Priester ohne wesentliche Beteiligung des Kirchenvolkes. Die Gläubigen stoßen immer wieder an die gleichen irritierenden und verletzenden Ecken. Als Vermittlerin der Gnaden Gottes muss die Kirche jedenfalls umsichtiger und wirklichkeitsnäher mit ihren Ansprüchen umgehen.

b) Affinität zur Gewalt

Die weitgehende Übernahme des alttestamentlichen Gottesbildes lässt auch zahlreiche gewaltbesetzte Vorstellungen und Texte in die christliche Glaubensverkündigung eingehen. In der offiziellen Verkündigung christlicher Gottesdienste, der Eucharistiefeier am Sonntag, stehen alttestamentarische Texte wie selbstverständlich neben neutestamentlichen. Dabei kann es zu inneren Widersprüchen kommen, die ratlos machen.

Könnte man zum Beispiel am Gründonnerstag nicht einmal den krassen Widerspruch zwischen dem Festgeheimnis und der alttestamentlichen Lesung aus dem Buch Exodus aufheben und den provozierend widersprüchlichen Text beseitigen? Die Kirche feiert die Bereitschaft Jesu, gewaltlos in den Tod zu gehen und koordiniert das in der liturgischen Lesung mit den Worten Jahwes aus dem Buch Exodus: „In dieser Nacht gehe ich durch das Land Ägypten und erschlage jede Erstgeburt bei Mensch und Vieh“ (Ex 12,12). Diese Worte exzessiver Gewalt beantwortet die Gemeinde mit dem anerkennenden Ruf: „Wort Gottes!“ Ein derartiges Aufeinanderprallen von Gewalt und Gewaltlosigkeit liturgisch wie selbstverständlich zu inszenieren, stößt immer deutlicher auf Unverständnis und Ablehnung. An solchen Gottesdiensten mag man nicht mehr teilnehmen. Wenn der Kult der Kirche es dennoch ungefragt immer wieder einfordert und zumutet, kann das ein Zeichen von Gedankenlosigkeit sein; oder lässt es innere Affinität zur Gewalt vermuten?

Schließlich soll der gewaltlos am Kreuz gestorbene Jesus ein paar Tage später an Ostern als Sieger präsentiert und gefeiert werden, der sich seine Feinde als Schemel unter die Füße legen lässt (Hebr 10,13). Gewaltlosigkeit als kurze Phase der Schwäche, die aber möglichst schnell

wieder ausgeglichen werden muss? Wie ist der Übergang möglich? Man legt Jesus ähnliche und gleiche Attribute wie dem altestestamentlichen Gott vom Gründonnerstag bei. Brauchen wir zu unserem Selbstverständnis beides: Jesus als Opferlamm und als triumphierenden Sieger – je nach Anspruch und Situation? Erwarten wir, dass er bei Bedarf ähnlich handelt wie der Gott Jahwe im Buch Exodus? Wollen wir uns beide Optionen offenhalten? Unterschwellig begleiten trauernde Totenklage und triumphierende Siegesfreude den gesamten kirchlichen Osterglauben.
Dazu gehört auch, dass Jesu Hingabe in den Tod als Blutopfer gedeutet wird. Das am Kreuz vergossene Blut – immerhin das Produkt eines Gewaltverbrechens – wird in zahlreichen österliche Liedern und Hymnen zum sühnenden Blutopfer verklärt. Im Blut des Gekreuzigten *erstrahlt* die Welt. Im Blut des Lammes werden wir *reingewaschen* und *erlöst*.
Und das genügt nicht. In der Offenbarung des Johannes (6,10) rufen die um des Glaubens willen getöteten Märtyrer: „Wie lange zögerst du noch, Herr,… Gericht zu halten und unser Blut an den Bewohnern der Erde zu rächen." Zum Siegesjubel im Himmel (19,2) gehört auch die Freude darüber, dass Gott „Rache genommen hat für das Blut seiner Knechte." Blutopfer, als Symbol für die Bereitschaft, gewaltlos in den Tod zu gehen, und Opferblut das nach Rache ruft, liegen nah beieinander.

In die gleiche gewaltnahe Richtung weist es auch, die Auferstehung Jesu Christi in Parallele zum Durchzug durch das Rote Meer zu setzen. Wieder geht es um einen Gott, der siegt, der die Feinde des Volkes Israel vernichtet. Hat Jesus, sofern er überhaupt an Auferstehung gedacht oder darüber gesprochen hat, dieses Geschehen als Sieg gedeutet? Sieg über wen? Am Kreuz betet er: „Vater vergib ihnen, denn sie wissen nicht

was sie tun“ (Lk 23,34). Triumphieren und siegen passen nirgends in seine Verkündigung.
In deutlicher Abweichung davon und im krassen Gegensatz dazu muss daran erinnert werden, dass zum täglichen Gebet der Kirche die Rezitation der alttestamentlichen Psalmen gehört, die neben aufbauenden Passagen leider auch immer wieder Gedanken von Revanche und Rache zum Ausdruck bringen. Im Psalm 135 besingt man Gott, denn: „Er schlug Ägyptens Erstgeburt vom Menschen bis zum Vieh“. Auch kann es heißen: „Wenn er die Vergeltung sieht, freut sich der Gerechte, er badet seine Füße im Blut des Frevlers“ (58,11). Im Psalm 2,9 äußert der Betende hoffnungsvoll im Hinblick auf die Feinde: „Du wirst sie zerschlagen mit eiserner Keule, wie Krüge aus Ton wirst du sie zertrümmern." Dem Frevler wird 52,7 angedroht: „Darum wird dich Gott zerstören und zerschlagen, dich packen und herausreißen aus deinem Zelt, dich entwurzeln aus dem Land der Lebenden." Ein Bedrängter betet im Psalm 41,11f: „Du aber Herr, sei mir gnädig; richte mich auf, damit ich Ihnen vergelten kann! Daran habe ich erkannt, dass du an mir gefallen hast; wenn mein Feind nicht über mich triumphieren kann.“ An zahlreichen Stellen werden die Übeltäter, Frevler *gehasst* oder *ausgerottet*. Dabei kann auch Gott selber hassen. Die Liste gewaltbesetzter Worte und Vorstellungen ließe sich erschreckend erweitern.

Die Ausrede, es handle sich hier nun einmal um alles, was auch an negativen Emotionen im Menschen vorkommen kann und damit auch zum Leben gehöre, greift nicht. Die Art der Darstellungen zielt in die Richtung der Berechtigung und Legitimierung des negativ zu beurteilenden Handelns. Wenn Gott hasst, äußert sich darin eine auch für den Menschen positiv zu bewertende Qualität des Handelns. Das mag man grundsätzlich ablehnen. Am Rande lässt sich aber spielerisch und betend damit umgehen. Die Füße im Blut der Frevler zu baden, erscheint nicht als etwas Fragwürdiges. Der Gerechte, dazu gehört natürlich der Betende selber, darf sich als Lohn für sein gutes Handeln darauf freuen.

Wenn die christlichen Kirchen und Gemeinden das von Gewaltfantasien und Revanchegelüsten durchsetzte Psalmengebet in der täglichen Liturgie dem eigenen regelmäßigen Gebetskreis einfügen, zeigt das unverkennbar eine gewisse Nähe und Affinität zur Gewalt. Etwas in diesen Aussagen und Bildern ist anregend und spricht an. Ihm korrespondiert etwas, was dem Menschen angeboren ist. Es fragt sich nur, soll christlicher Glaube es fördern oder möglichst kontrollieren und reduzieren? Würde man die gewaltbesetzten Verse und Passagen nachhaltig als störend empfinden, hätte man den Komplex der Psalmen davon befreien können, ohne die positive Substanz des Psalters zu beeinträchtigen. Die langen Spuren christlicher Gewalt reichen zurück bis in den Tod von Hananias und Saphira (Apg 5, 1-11) und hinterlassen in der Geschichte bis heute erschreckende Abdrücke.

Eine im christlichen Glauben vorherrschende Grundstimmung äußert sich auch in dem häufig akklamierten hymnischen Huldigungsruf: „Christus vincit, Christus regnat, Christus imperat." (Christus siegt, Christus herrscht, Christus gebietet.) Alles ist ausgerichtet auf: vorwärts, sich durchsetzen und siegen. Der Huldigungsruf an Christus erfolgt dabei meistens im Kontext besonderer Gottesdienste zu Ehren herausragender Persönlichkeiten in Gesellschaft und Kirche.[38] Er darf bei keiner Bischofsweihe oder Papstkrönung fehlen.

Der Philosoph Norman Whitehead trägt allgemein und umfassend ein paar Gesichtspunkte zusammen, unter denen die latente Affinität zur Gewalt des Christentums sichtbar wird. Er schreibt: „Die Vorstellung von Gott als dem »unbewegten Beweger« leitet sich, zumindest was das westliche Denken anbelangt, von Aristoteles her. Die Vorstellung von Gott als »höchst real« ist eine bevorzugte Lehre der christlichen Theologie. Die Kombination der beiden zu der Lehre von einem ursprünglichen, höchst realen, transzendenten Schöpfer, nach dessen fiat die Welt zu sein begann und dessen aufgezwungenem Willen sie gehorcht, ist der Irrglaube, der die Geschichte des Christentums und des Islam mit Tragödien erfüllt hat.
Die kurze galiläische Vision von der Demut flackerte alle Zeitalter hindurch, drohte immer wieder zu entschwinden. Aber die tiefergehende Idolatrie, Gott nach dem Bilde der ägyptischen, persischen und römischen Reichsherrscher zu gestalten, wurde beibehalten. Die Kirche wies Gott Attribute zu, die ausschließlich Cäsar angehörten."[39]

---

[38] Vgl. Artikel „Laudes Regiae" im Lexikon für Theologie und Kirche.
[39] Prozess und Realität, Entwurf einer Kosmologie, Suhrkamp Verlag, 1979, S. 611-613

3. Der alttestamentliche Gott Jahwe

Auf den Einfluss des Judentums und des Alten Testamentes auf die Entstehungsgeschichte des Christentums ist mehrfach und deutlich hingewiesen worden. Welche Bedeutung und welches Gewicht dieser Einfluss hatte und hat, soll im Folgenden exemplarisch weiter verdeutlicht werden. Die Untersuchung wird zentrale Aussagen der biblischen Glaubensverkündigung herausstellen. Erscheint Gott als objektiv reale Wirkmacht, die – wie von den Autoren vorgegeben – heilvoll und befreiend erfahren wird? Ist das Gottesbild vertrauensvoll ansprechend und ermutigend, oder vermittelt es bei näherem Betrachten letztlich den Eindruck, Spiegelung eines fragwürdigen Menschen- und Weltbildes zu sein; Spiegelung, die hintergründig das eigene Lebensgefühl beeinflusst – ermutigend und überzeugend oder einengend und verwirrend?

3.1 Zwei Musterbeispiele alttestamentlich/christlichen Glaubens

Als Beispiel seien zwei kleine Erzählungen aus der hebräischen Bibel/dem Alten Testament angeführt, die wohl zu den bekanntesten im Umfeld biblischen Glaubens und christlicher Verkündigung gehören. Keinem Schulkind dürfte das „Opfer des Abraham", die dramatische, im letzten Augenblick verhinderte Tötung des Isaak durch seinen eigenen Vater Abraham unbekannt sein. Auch der erste Brudermord der Menschheitsgeschichte, den Kain an seinem Bruder Abel vollzieht, dürfte in keinem Schulbuch fehlen. Beide Geschichten kann man als eine Art Einführung in den Glauben an Gott verstehen. In der Kunstgeschichte sind die beiden Szenen wieder und wieder dargestellt worden. Sie sollen permanent daran erinnern und veranschaulichen, mit welchen Herausforderungen der Mensch rechnen muss, wenn er Gott begegnet. Abraham der von Gott belohnte Held des Glaubens und Kain der von Gott bestrafte Mörder. Die hier gegebenen Antworten sollen tief ins Bewusstsein eindringen: Gott rettet, wenn man auf ihn vertraut, und er straft und richtet, wenn man seine Gebote übertritt.

Daher lohnt es, näher nachzufragen, was eigentlich geschehen ist. Was ist das für ein Gott, der so entscheidend in das Leben des Menschen eingreifen kann? Was ist das für ein Gott, der so fundamental das jüdisch-christliche Glaubensbild prägt und in gewisser Weise die Tür zu weiteren ähnlichen Wegweisungen öffnet?

a) Die „Erprobung des Abraham"

Die Erzählung des dramatischen Geschehens im Buch Genesis (Kapitel 22) steht unter verschiedenen Überschriften. In jedem Fall geht es um die Entscheidung eines Menschen, die ihn als vorbildlich ausweisen wird. Unter der auch möglichen Überschrift – das „Opfer des Abraham" – vermittelt das Geschehen den Eindruck einer großen Versuchung des Glaubens, die Abraham in großartiger Weise besteht. Die persönliche Gefühlswelt des Abraham wird nur in den Worten angedeutet: „Nimm deinen Sohn, deinen Einzigen, den du liebst."

Diese Worte lassen sich in der weiteren pädagogischen Ausdeutung gut mit gefühlvollen, anteilnehmenden Schilderungen der seelischen Qual des Vaters auffüllen und vertiefen. Im Text selbst fehlt jede Anregung in dieser Richtung. Was Abraham denkt und fühlt, wie er sich mit der Forderung Gottes auseinandersetzt, bleibt außen vor. Er hat einen Auftrag erhalten und führt ihn aus. Der Fortgang des Geschehens wird nüchtern bis zu dem entscheidenden Augenblick erzählt: „Abraham streckte seine Hand aus und nahm das Messer, um seinen Sohn zu schlachten." Unterbrochenen ist er nur durch einen kurzen emotionslosen Wortwechsel zwischen Vater und Sohn[40] über die fragliche Herkunft des Opfertieres. Danach gehen beide wortlos weiter, wodurch der Fokus allein auf die zu erwartende Katastrophe gerichtet ist. Schließlich ist es ein Vater, der seinen Sohn *opfern* – hinrichten – soll, und das auch tun will. Entscheidend für die Auflösung des Konflikts ist der bedingungslose Gehorsam des Vaters. Der aber hätte die menschliche Katastrophe nicht aufgehal-

[40] Über die Rolle und das Befinden des Sohnes macht die Geschichte sich auch keine Gedanken, wobei ein klassischer Fall von Misshandlung oder gar Folter eines Kindes vorliegen dürfte. Dazu weiter unten ein Kommentar des Evolutionsbiologen Richard Dawkins.

ten oder beendet. Er wäre zum Mörder geworden und wird nur dadurch gerettet, dass Gott ihm die Aktion aus der Hand nimmt. Allein Gott hat es in der Hand, die Katastrophe zu verhindern. Er tut es, nachdem er dem verantwortlichen Menschen so etwas wie Selbstverleugnung aufgezwungen hat.
Nachdem die Leser oder Hörer der Geschichte angesichts der wunderbaren Rettung aufatmen können, wird das Verhalten des Abraham ausdrücklich als gut und vorbildhaft bezeichnet, reichlich belohnt und damit zur Nachahmung empfohlen. Mit durch einen Engel verklärter und verbürgter Endgültigkeit wird ihm zugesagt: „Weil du das getan hast und deinen Sohn, deinen einzigen, mir nicht vorenthalten hast, will ich dir Segen schenken in Fülle und deine Nachkommen überaus zahlreich machen" (22,15ff). Ein unendlich befriedigender Lohn für letzte Selbstaufopferung und vorbehaltslose Selbsthingabe. Wen begeistert das nicht und wem wird hier nicht eine innere Verpflichtung nahegelegt, besonders wenn es Kindern erzählt wird?

Aber ist das so stimmig und alternativlos richtig? Hier gilt es, die Blickrichtung zu ändern. Die Fragen sind zu richten an Abraham, der in seinem Handeln nur reagiert, weil es ihm befohlen worden ist. Wie oft haben im Laufe der Geschichte Menschen ihre Taten, besonders, wenn es Fehler oder auch Untaten waren, mit Befehlsnotstand zu begründen und zu rechtfertigen versucht? Durfte Abraham tatsächlich das Leben seines Sohnes aufs Spiel setzen und ihn töten? Hatte sein Sohn nicht ein unanfechtbares Recht auf Leben? Wer durfte ihm dieses Naturrecht rauben? Natürlich Gott, der über dem Naturrecht steht? Für die jüdische Glaubenswelt, in die hier christlicher Glaube eingebunden wird, ist die Antwort klar. Im Lichte heutiger Vorstellung von Naturrecht gilt das Gegenteil. Das Christentum täte wohl daran, dem zu folgen. Leben ist ein unverfügbares Natur- und Menschenrecht, das unabhängig von jeder religiösen Überzeugung und Bindung gilt. Wenn eine Religion ihren Gott über die Naturgesetze erhebt, missbraucht sie ihn. Die Geschichte weist Gott eine Autorität zu, die ihm nicht zusteht und ihn zu einem unberechtigten, gefährlichen Herausforderer macht. Schließlich hat das Christentum neben vielen anderen Untaten im Namen seines Gottes Irrgläubige und Hexen verbrannt. Dabei hat Gott den Trick letzmöglicher wunderbarer Rettung nicht angewandt. Die Opfer überließ er der Willkür seiner verblendeten Gefolgsleute. Die Täter hat er sich selbst überlassen. Sie wurden dann als das entlarvt, was auch Abraham geworden wäre, hätte er in eigener Verantwortung gehandelt, ein Kindsmörder.

Abraham ist kein Held des Glaubens. Im Rückblick hat er an seinem Sohn eine Scheinhinrichtung vollzogen. Eine psychische Untat, die in Kriegen gerne als grausame Demütigung an Feinden verübt wird. Abraham hätte im Rückgriff auf seine Menschenwürde und auf das Menschenrecht seines Sohnes widersprechen und sich weigern müssen.[41] Im Rahmen jüdischer Gottesvorstellungen ist ein solches Szenario völlig undenkbar. Christliche Verkündigung und Pädagogik sollte hier nicht in die falsche Richtung weisen und ein falsches Gottes- und Menschenbild lehren.

Schon Meister Eckhart sagt in der Predigt 6: "Den gerechten Menschen ist es so ernst mit der Gerechtigkeit, dass, wenn Gott nicht gerecht wäre, sie nicht die Bohne auf Gott achten würden.“ Grundsätzlich stehen Natur- und Menschenrechte über Gottesrechten. Nur eine autoritäre und totalitäre Religion kann ihren Gott über alle Instanzen des Naturrechts

---

[41] Diese Vorstellung klingt und ist naiv, denn vor einem solchen Hintergrund ist die ganze Geschichte undenkbar.

erheben. Unter der Prämisse, dass Gottes Wille immer absoluten Vorrang hat, sind in seinem Namen schon zahllose Verbrechen und Untaten begangen worden. Insofern ist die Abrahamgeschichte Auftakt zu einer ganzen Reihe oder auch Kette ähnlich totalitärer Gewaltakte, die an anderer Stelle immer wieder thematisiert werden.
Im Umgang mit Abraham verschleiert die Geschichte den unrechtmäßigen und gewalttätigen Hintergrund, indem sie Gott in das Licht des Retters und Befreiers taucht. Die Geschichte leistet einem Gottesbild Vorschub, das ethisch in die Irre führt, weil sie Gott das Recht zuspricht, in seinem Namen Unrecht begehen zu dürfen.[42] Hinter dem geschickt eingefädelten Eindruck vorbildhaften Glaubens angesichts rettender Hilfe Gottes verbirgt sich hintergründig die Forderung nach unterwürfiger Selbstaufgabe. Ein Wesenszug des biblischen Gottesbildes, der in der hebräischen Bibel immer wieder in verschiedenen Variationen hervortritt und eine unterschwellige Selbstverständlichkeit suggeriert. So lernt man schon als Kind, was man zu glauben und wie man sich einzustellen hat. Am Scheideweg der Moderne sollte das Christentum in keine Richtung weisen, die letztlich unmoralisches Handeln propagiert und keinen Anspruch auf Anerkennung erheben kann.

Aus dem bisher nur angedeuteten Blickwinkel, nämlich dem des als Schlachtopfer vorgesehenen Isaak, äußert sich der Evolutionsbiologe Richard Dawkins[43] und schreibt: "Abraham erhält von Gott den Befehl, seinen geliebten Sohn als Brandopfer darzubringen... Er hat das tödliche Messer bereits in der Hand, da greift ein Engel auf dramatische Weise

[42] Bekannt ist das Wort von Blaise Pascal: Niemals tut man so vollständig und so gut das Böse, als wenn man es mit gutem Gewissen tut.
[43] Der Gotteswahn, Berlin 2008, S. 335f.

ein... Gott habe nur Spaß gemacht, habe Abraham »auf die Probe stellen« wollen, um seinen Glauben zu prüfen. Ein heutiger Ethiker muss sich einfach fragen, ob ein Kind sich von einem solchen seelischen Trauma jemals wieder erholen würde. Nach modernen ethischen Maßstäben ist diese widerwärtige Geschichte ein Beispiel für Kindesmisshandlung, eine Schikane in zwei ungleichen Machtverhältnissen und die erste belegte Verteidigung nach dem Muster der Nürnberger Prozesse: „Ich habe nur Befehle ausgeführt." Dennoch ist diese Legende einer der großen Gründungsmythen aller drei monotheistischen Religionen... was für eine Moral könnte man aus dieser widerwärtigen Geschichte ableiten?"

Dawkins weist dann auch auf eine Geschichte im Buch der Richter (11,29-40) hin, in der der Militärführer Jiftach Jahwe für den Fall eines militärischen Sieges als Dankes-Brandopfer alles anbietet, was ihm als erstes bei seiner Rückkehr nach Hause entgegenkommen wird. Dies ist dann unglückseliger Weise die eigene Tochter, die sogar einwilligt, sich opfern zu lassen. Sie erbittet sich nur eine Frist von zwei Monaten, in denen sie mit ihren Freundinnen ihre Jugend beweinen will. Danach „tat der Vater mit ihr, was er gelobt hatte." Richard Dawkins kommentiert: „Dieses Mal fühlt Gott sich nicht bemüßigt, einzugreifen."[44]

---

[44] Ebd., S. 337.

b) Kain und Abel

Der Erzählung von Kain und Abel (Gen 4, 1-16) kommt schon deshalb eine besondere Bedeutung zu, weil sie in der Bibel an exponierter Stelle steht. Unmittelbar nach dem Sündenfall des Menschen ist sie der erste Beleg für die verhängnisvollen Folgen der falschen Entscheidung des Elternpaares. Das erste Ereignis in der nicht mehr paradiesischen Welt ist ein Mord; schlimmer noch: ein Mord in der eigenen Familie, unter Geschwistern. Schwerwiegender kann das gemeinsame Leben kaum bedroht sein.

Die verhängnisvolle Geschichte beginnt damit, dass das Brüderpaar die Erstlingsgabe seiner Tätigkeit als Ackerbauer und Schafhirt aufopfert. Lapidar fährt der Text fort: „Der Herr schaute auf Abel und sein Opfer, aber auf Kain und sein Opfer schaute er nicht. Da überlief es Kain ganz heiß, und sein Blick senkte sich." Die anschließende Frage Gottes klingt zynisch herausfordernd, wenn er ohne jede Anteilnahme fragt: „Warum überläuft es dich heiß, und warum senkt sich dein Blick?" Hat er nicht mitbekommen, was geschehen ist, und welche Reaktionen das auslösen kann? Ungerührt, wie aus einem Strafregister vorgelesen, stellt Gott fest: „Wenn du gut handelst, darfst du aufblicken; wenn du nicht gut handelst, lauert an der Tür die Sünde."

Banal nichtssagender kann man sich angesichts der für Kain niederschmetternden Erfahrung und der heraufdämmernden Katastrophe kaum äußern. Dem Kain wird keinerlei der Situation entsprechende Anteilnahme oder Hilfe angeboten. Immerhin ist ihm durch einen willkürlichen, völlig unverständlichen Eingriff Gottes die gesamte Ernte und damit seine Existenz vernichtet worden.

Es wird zwar noch gesagt, dass Kain mit Abel redet – inhaltslos. Was sollen sie auch miteinander besprechen? Ihnen ist von außen eine Rolle zugewiesen, die sie unter teilnahmsloser Beobachtung zu Opfer und Täter macht. Äußere Umstände machen sie zu Todfeinden. Ein willkürlich Entrechteter und ein willkürlich Bevorzugter stehen sich unvermittelt gegenüber. Deren Verhalten wird zu zwei gegensätzlichen Verhaltensmustern stilisiert und drohend präsentiert. Wehe, man verhält sich falsch. Das tut Kain und wird zum Mörder. Dann wird an ihm demonstriert, was ein Mörder zu erwarten hat. Zur Strafe wird er verflucht und zur Heimatlosigkeit auf der Erde verurteilt. Selbstverständlich bekennt er seine übergroße Schuld. Durch das Sprechen von einer übergroßen, unerträglichen Schuld verbietet sich jeder Ansatz des Versuches, sich zu erklären oder zu rechtfertigen. Kann ein Mensch in eine ausweglosere Situation geraten? Gott entlässt ihn in eine ruhelose, gottferne Zukunft. Den Mörder hat die gerechte Strafe ereilt und damit ist er sich selber überlassen. Die gefühllos kalte Demonstration eines moralischen Prinzips vor einem fragwürdigen Hintergrund.

In einem regulären Gerichtsverfahren zu Mord und Gewaltverbrechen werden immer die Hintergründe des Geschehens befragt und aufgeklärt. Wie konnte es dazu kommen? Was sind die Motive des Täters. Wer oder was hat ihn bedrängt und zu seiner Tat getrieben? All diese Fragen und Ansätze werden in der Geschichte übergangen und ausgeklammert. Dies ist aber wichtig, weil in diesem Verfahren der Verursacher des Verbrechens und der Richter identisch sind. Gott richtet über ein Vergehen, das er selber provoziert hat.

Nach der Rolle Gottes fragt der biblische Text natürlich nicht. Er lässt sie nicht zu, obwohl sie sich einem unbefangenen Zeugen aufdrängen muss; es sei denn, er lässt sich vom biblischen Redaktor verführen. Aber, wem die Autorität der Bibel spontan menschliches Nachfragen nicht erspart, dem stellt sich die Frage: Wieso hat der richtende Gott in reiner Willkür das Opfer des Abel angenommen und das des Kain verworfen? So grundlos kann sich der Mensch eigentlich nur einem Schicksalsschlag gegenüber herausgefordert fühlen.

Auf dieser Ebene wäre die Anfrage an Kain berechtigt. Dann würde seine Argumentation aber außerhalb aller Vorgaben Gottes ausfallen. Natürlich kann ein zufälliger, blinder Schicksalsschlag den Menschen herausfordern. Wenn ich den aber dem Handeln Gottes gleichsetze, verschiebe ich die Wirkmacht Gottes in den Bereich unbefragbarer, willkürlicher Autorität und diffuser Ausübung von Macht und Gewalt. Eine nützliche Verfügung für alle, die im Namen dieses Gottes machtvoll agieren und sich durchsetzen wollen.
Wer oder was ist dann aber Gott? Ein verständnisvolles, liebendes Gegenüber des Menschen oder eine willkürlich einfordernde Macht? Gott erscheint als jemand, der ohne jede persönliche Regung oder Anteilnahme beobachtet, wie ein Mensch reagiert, den er selber grundlos in eine ausweglose Situation gebracht hat. Gleichzeitig nimmt er sich das Recht heraus, schuldig zu sprechen und zu richten. Kain hat den Geboten eines Gottes zu folgen, der selber keinerlei ethisch moralische Bindungen zu kennen scheint. Thomas Mann lässt in seinem Roman »Josef und seine Brüder« einen der Akteure sagen: „Gott tut, was er will; uns aber hat er ein Gewissen davon gegeben."

Die Geschichte will den Blick auf den Mörder lenken, der klar zu verurteilen ist. Natürlich ist Mord ein verwerfliches Gewaltverbrechen. Es ist ein

schwerer Verstoß gegen fundamental menschliche Lebensrechte. Natürlich muss der Mörder sich schuldig fühlen - aber vor wem? Gott begegnet als derjenige, der Recht einfordert, es selber aber durch sein willkürliches Handeln außer Kraft gesetzt hat. Dem Menschen bleibt nichts anderes, als sich zu fürchten: vor der eigenen Tat und vor der Überforderung durch ein Ausgeliefertsein an das schicksalhaft herausfordernde Handeln Gottes. Eigentlich müsste die Geschichte Empörung wecken; nicht gegen Kain, sondern gegen Gott. Nicht die Frage drängt sich auf, wie konnte Kain das tun, sondern wie konnte Gott das provozieren? Wie kann Gott einen Menschen in eine solche Situation bringen und dann auch noch teilnahmslos über ihn richten?
Schon in frühchristlichen Kreisen der sogenannten Gnosis ergriff man Partei für Kain. Kleinere Gruppen bezeichneten sich in Verehrung als „Kainiten" und sprachen von „Kain, dessen Opfer der Gott dieser Welt nicht annahm – das blutige Opfer Abels aber nahm er an. Denn am Blut freut sich der Herrscher dieser Welt."[45]

Warum erfindet man eine solche Geschichte? Dass Mord ein Verbrechen ist, braucht nicht erklärt zu werden. Dass Gott tut was er will und beliebig mit dem Schicksal des Menschen umgehen kann, das muss der Menschen lernen und glauben. Gott erscheint in den beiden ausgewählten Geschichten in gleicher Weise. Abraham fordert er heraus, sich über geltendes Menschenrecht hinwegzusetzen und den eigenen Sohn zu ermorden. Von Kain verlangt er, »gut« zu handeln, obwohl die fordernde göttliche Instanz ausgesprochen ungut handelt und ungutes Handeln provoziert. Ein liebenswürdiger, einfühlsamer, Vertrauen erweckender

---

[45] Vgl. Hans Jonas, Gnosis. Die Botschaft des fremden Gottes, Leipzig 2000, S. 125.

Gott? Nein! Aber die altbekannten und vertrauten Texte schaffen es, über den beängstigenden Hintergrund des Geschehens hinwegzusehen und ein vermeintlich lebensnahes, positives Glaubensbild aufzubauen. Ein geschicktes Täuschungsmanöver. So kann man auf die Begegnung mit Gott eingestimmt werden. Erst recht, wenn es in einem Schulbuch steht.[46] Ohne es zu merken, wird man auf eine Haltung von ratloser Unterwürfigkeit eingestimmt und soll einer Spur folgen, auf der Gott immer recht hat, weil Widerspruch unwirksam und zwecklos ist. Natürlich hat Gott Recht: Mord ist ein Verbrechen; wie es dazu kommen kann, bleibt einem willkürlichen Spiel Gottes mit dem Menschen vorbehalten. Dem Menschen bleibt nur, vor sich selber und vor Gott Angst zu haben.

[46] Charles Darwin schreibt in der Autobiografie »Mein Leben«, Leipzig 1993, S. 98: „Wir dürfen auch die Möglichkeit nicht außer Acht lassen, dass das kindliche, noch nicht voll entwickelte Gehirn stark geprägt wird, vielleicht schließlich eine ererbte Prägung davonträgt, indem Kindern ständig der Glaube an Gott eingeimpft wird, so dass es für sie ebenso schwer wäre, diesen Glauben an Gott abzuschütteln, wie für einen Affen, seine instinktive Angst vor Schlangen und seinen Hass auf sie abzuschütteln."

3.2 Die Furcht des Herrn erfüllt den Erdkreis

Neben den beiden interpretierten alttestamentlichen Texten macht die Zusammenstellung einiger herausragender Ereignisse deutlich, dass die Geschichte des Auserwählten Volkes eine Abfolge oft gewalttätiger Abgrenzungen sowohl nach innen wie nach außen ist: In der Sintflut die Vernichtung der Erde – des Menschen und der gesamte Natur (Gen 6,5ff); die Ermordung der Erstgeburt bei Menschen und beim Vieh in Ägypten (Ex 12,12f); die Ermordung von 3000 Anhängern des goldenen Kalbes (Ex 32,26ff); der Auftrag, die Bewohner des eroberten Gebietes in Kanaan auszurotten (Dtn 7); die angeordnete Auflösung aller Mischehen nach dem Exil (Esra 10; Nehemia 13,25). Der Prophet Elia lässt 400 Propheten des Baal »abschlachten« (1Kön 18). Die Kette gewalttätiger Eroberungen im Buch Josua[47]. Die Steinigung eines Mannes, der am Sabbat Holz gesammelt hat (Num 15, 32f). Wer diesem Gott im Wege steht, sei es innen oder außen, der muss mit seinem Zorn und seiner unbarmherzigen Strafe rechnen.[48]

Vieles liest man und hört es sich schließlich wie selbstverständlich an, zumal Kritik überhört und einfach nicht zugelassen wird. Aber die kritischen Stimmen werden zahlreicher und lauter.[49] Dieser Gott, wie er sich oft darstellt, macht ratlos und unnahbar. Der Anerkennung dieser bedrückenden Erkenntnis steht immer noch der gewaltige Schwall traditionell

---

[47] Richard Dawkins, aaO. S. 342, schreibt: „Und die biblische Geschichte über die Zerstörung Jerichos durch Josua sowie ganz allgemein über den Einzug ins Gelobte Land ist moralisch nicht von Hitlers Invasion in Polen oder Saddam Husseins Massakern an Kurden und Marsch-Arabern zu unterscheiden."

[48] Jan Assmann, Die mosaische Unterscheidung, München 2003, Seite 36, schreibt: „Der Monotheismus erzählt die Geschichte seiner Durchsetzung als eine Geschichte der Gewalt in einer Serie von Massakern."

[49] Vgl. die Charakterisierung des alttestamentlichen Gottes bei Richard Dawkins, Der Gotteswahn, Berlin 2010, S. 45.

ererbter und vertrauter Glaubensbilder gegenüber. Die Phalanx der Getreuen steht und hält die Stellung. Aber die Zahl derer, die kritisch innehalten und abwandern, wächst.[50] Ein langsamer, aber unaufhaltsamer Schwund. Der Vater-Gott Jesu weicht in fundamentalen Bezügen von diesem Gott ab und widerspricht ihm so deutlich, dass Jesus dafür sein Leben geopfert hat. Wenn das Christentum diese Differenz verschleiert und missachtet, verliert es seine Identität und wird Abkömmling einer anderen Religion.

Schon auf dieser Ebene wird deutlich, dass es ein ungeheuerlicher Vorgang war, wenn die frühe Kirche das Alte Testament in den Rang göttlicher Offenbarung erhob. Der Symbolforscher Alfons Rosenberg führt dazu aus: „Eine der entscheidendsten Taten der Kirche, durch welche sie die Weichen der europäischen, vielleicht sogar der globalen Geistesgeschichte gestellt hat, war, dass sie in den ersten Jahrhunderten die frohe Botschaft von der Menschwerdung Gottes... auf das engste mit dem Alten Testament verbunden hat. Sie hat das Alte und das Neue Testament derart eng miteinander verzahnt, dass es äußerst schwierig geworden ist, diese folgenschwere Verbindung aufzulösen.... Man wird von diesem Standort aus die Botschaft des Evangeliums immer nur durch das Medium des Alten Testamentes getrübt und gefärbt wahrzunehmen vermögen. Die Kirche hat mit dieser ihrer, man darf sagen monumentalen Tat, die ganze Christenheit.... mit dem Geist des Alten Testamentes durchtränkt."[51]

---

[50] Man vergleiche die Ausführungen von Richard Dawkins zum Thema Altes Testament in: Der Gotteswahn, aaO., S. 328-346.

[51] Alfons Rosenberg, Experiment Christentum, München 1990, S. 74.

Auf die damit gegebene Verfremdung der Botschaft Jesu und des Neuen Testamentes ist schon ausführlich hingewiesen worden. Wie die Kirche mit dieser Diskrepanz leben konnte, müsste eigentlich unerklärlich sein. Aber wie schon dargelegt, gibt es bedenkliche Aspekte in der jüdischen und alttestamentlichen Weltsicht, die auch christlichen Vorstellungen nahestehen und entsprechen.

4. Die Welt – Schöpfung oder Evolution?

Ein Text des Alten Testamentes ist für den christlichen Glauben von besonderer Bedeutung, der sogenannte biblische Schöpfungsbericht. Gott der Allmächtige hat die Welt aus dem Nichts geschaffen und herrscht nun als jenseitige personale Macht über sie. Konkret wird diese Überzeugung im apostolischen Glaubensbekenntnis formuliert, das mit folgenden Worten beginnt: „Ich glaube an Gott den allmächtigen Vater, den Schöpfer des Himmels und der Erde." Der Satz steht als Kernaussage für das christliche Welt- und Gottesbild. Alles Dasein verdankt sein Herkommen und seine Existenz dem Willens- und Schöpfungsakt eines personalen, außerweltlichen und allmächtigen Gottes.

Darin sind sich alle monotheistischen Religionen einig, aber auch nur sie. Im Laufe der Religionsgeschichte und auch heute gibt es weltweit keine Philosophie oder Religion, die so fokussiert an einen personalen Schöpfergott und unmittelbaren Lenker des Weltgeschehens glaubt. Man spricht von einem kreationistischen Weltbild[52], in dem Gott nicht nur als Schöpfer am Anfang der Welt steht, sondern in seiner Allmacht auch in unseren alltäglichen Handlungen unmittelbar gegenwärtig ist. Natürlich sagt die Singularität solcher Vorstellungen nichts gegen die Wahrheit dieses Glaubens, zumal die Gläubigen der monotheistischen Religionen

[52] Der Evolutionsbiologe Ken Wilber schreibt dazu: "Leider ist Gott für den orthodoxen abendländischen Gottesbegriff nicht einfach ein psychologisches Anderes (das von uns durch unsere Unbewusstheit getrennt ist), auch nicht ein temporales Anderes (das von uns durch die Zeit getrennt ist) oder ein von uns durch unsere Unwissenheit getrenntes epistemologisches Anderes. Vielmehr ist Jehova - der Gott Abrahams und Vater von Jesus - ein ontologisches Anderes, das seinem Wesen nach für immer von uns getrennt ist. Aus dieser Sicht sind Mensch und Gott nicht nur durch eine zeitliche Linie, sondern durch eine unüberwindliche Grenze und Schranke getrennt. Gott und der Mensch sind für ewig geschieden; beide sind nicht - wie im Hinduismus und Buddhismus - im letzen Sinne eins und identisch... Der Kontakt mit Gott ist durch Vertrag geregelt... Über den dualistisch klaffenden Abgrund hinweg haben Gott und Mensch nur durch Hörensagen Fühlung, nicht durch absolute Vereinigung (Samadhi)" (Halbzeit der Evolution, Frankfurt a. M. 1998, S. 16).

ihre Singularität als besonderes Merkmal einzigartiger Offenbarung und alleiniger Erkenntnis der Wahrheit verstehen.
Woher aber wissen das Judentum und, ihm folgend, das Christentum und der Islam so zuverlässig, dass der eine und einzige Gott die Welt geschaffen hat und in ihr unmittelbar gegenwärtig ist?

4.1 Der biblische Schöpfungsbericht

Als entscheidendes Zeugnis dafür wird unisono auf den Beginn der hebräischen Bibel mit dem sogenannten Schöpfungsbericht im Buch Genesis verwiesen. „Im Anfang schuf Gott Himmel und Erde... Dann sprach Gott: Es werde Licht, und es wurde Licht“ usw. Dieser Text steht für die Rede vom Schöpfergott und von der Erschaffung der Welt aus dem Nichts, der »creatio ex nihilo«. Auf ihn beruft sich das orthodoxe Christentum und hält an seiner wortwörtlichen Auslegung fest. Wer aber hat auf welcher Grundlage und mit welcher Kompetenz diese so weitreichende Aussage getätigt? Die historische Forschung und speziell die historisch-kritische Bibelforschung hat sich intensiv mit der Entstehungsgeschichte und dem literarischen Charakter des Textes beschäftigt.
Zur literarischen Form des Textes sagt der bekannte Exeget des Alten Testamentes Claus Westermann[53]: „Der literarischen Form nach handelt es sich um eine Art hymnisches Gedicht, um die Verschmelzung von Prosa und strophisch gegliedertem, rhythmischem Sprechen. Wie in den Genealogien (vgl. Gen 5,1-32; 11,10-32) herrscht feierlich monotone Sprache vor, die ständige Wiederkehr gleicher, ähnlicher Sätze und Aussagen. Eröffnet wird der „Bericht" in 1,1 mit einem hymnischem Bekenntnis zu Gott als dem Schöpfer von Himmel und Erde. Der Grundton ist der des feierlichen Glaubensbekenntnisses und nicht der eines geschichtlichen oder gar naturwissenschaftlichen Berichtes. Den Anfang der Welt kann man nicht erzählen, man kann ihn nur glaubend bekennen. Ziel ist nicht, das Geheimnis der Schöpfung wissbar zu machen, sondern es gläubig zu verehren. Als Subjekt des Handelns wird in den

---

[53] Genesis Kap. 1-11 (BK AT I/1), Neukirchen 1974, S. 140.

ersten Versen mit absichtlicher wiederholender Betonung *Elohim* genannt, was hier im absoluten Sinn eines Eigennamens »Gott« heißt. Es ist Gott schlechthin, Gott ohne einschränkende Bezogenheit, der Himmel und Erde gemacht hat; das aber ist derselbe Gott, vom dem unbefangen als dem Gott Israels geredet werden kann."

Historisch stammt der Text aus dem sechsten Jahrhundert v. Chr., aus der Zeit des babylonischen Exils.[54] Wie der Kommentar von Klaus Westermann weiterhin verdeutlicht, ging es den damaligen Theologen und Verfassern darum, die Israeliten in der verzweifelten Lage des Exils mit neuer Hoffnung und neuem Mut zu erfüllen. Dabei genügte es nicht mehr, wie bisher, auf Jahwe als den Gott der Geschichte zurückzugreifen. Dieser Horizont war zu klein und brüchig geworden, zumal die Geschichte offenkundig die Überlegenheit Jahwes gegenüber den anderen Göttern widerlegt hatte. Daher statteten die Verfasser von Genesis 1 Gott überbietend mit den Attributen und Vollmachten des Schöpfergottes aus. Er war nicht mehr nur Herr der Geschichte, sondern des ganzen Kosmos[55].

Im Hintergrund standen nicht neue Erkenntnisse oder ein besonderes Wissen. Es wird auch kein Szenario einer besonderen Offenbarung erkennbar. Es galt ganz einfach, die auf Glauben gegründete völkische Identität des Volkes Israels abzusichern. Die Realgeschichte widerlegt Gott als Herrn der Geschichte.

Man rettet den Glauben an ihn, indem man ihn auf einer neuen, transzendenten Ebene – dann natürlich unwiderlegbar – zum Schöpfer der

---

[54] Vgl. auch Walther Zimmerli, 1Mose 1-11 (Züricher Bibelkommentar), Zürich 1967.

[55] In ähnlicher Weise hat die jüdische Theologie ein apokalyptisches Ende der Welt erfunden. Als die Hoffnung auf ein irdisches Reich des Messias widerlegt war, rettet man den Glauben und die Hoffnung, indem man sie auf eine höhere, damit unangreifbarere Ebene schiebt. Eine messianische Zukunft ist ausgeschlossen. Der Glaube an ein apokalyptisches Ende der Welt liegt außerhalb konkret geschichtlicher Erfahrbarkeit. Deshalb kann man daran glauben.

Welt macht. In dieser Position ist er unangreifbar und wird gleichzeitig Unterpfand einer unbesiegbaren Hoffnung. Ihre theologisch beherrschende Stellung erhält diese Deutung dann später durch die Verbindung mit der Philosophie des Plato und Aristoteles. Der unerreichbar unendliche Schöpfer der Welt wird identisch mit dem göttlichen *Demiurgen* (Weltenschöpfer) des Plato. Aus der Philosophie des Aristoteles identifiziert man den biblischen Schöpfergott mit dem »proton kinoun akineton« – übersetzt nicht als »Erstes unbewegt Bewegendes«, was richtig wäre, sondern personalisiert als »Erster unbewegt Bewegender«. Auf diesem Wege erhält der biblische Schöpfergott einen unverrückbaren Platz im dogmatischen Gefüge des Judentums und Christentums.

4.2 Neue Erkenntnis: Evolutionslehre

Dabei ist es heute vor allem die Evolutionslehre, die mit einer Vielzahl von Beobachtungen und Argumenten das Herkommen des Kosmos auf eine vorzeitliche Energieexplosion zurückführt, was man als *Urknall* bezeichnet. Dazu sagt der Evolutionsbiologe Bernhard Rensch: „Irgendeinen prinzipiell anderen, vorhergehenden Zustand jenseits aller menschlichen Vorstellungsmöglichkeiten vorauszusetzen, wäre eine nichtssagende Ausflucht."[56] Alles was heute existiert, ist das Produkt oder Ergebnis dieser ersten Konstellation. Auch die Entstehung des Lebens geht auf wachsende Komplexität von ursprünglich einfacheren Urstoffen, Grundformen zurück. Überall gilt das gleiche Prinzip: Durch das Aufgeben kleinerer, geschlossener Formen und das Eingehen neuer Verbindungen entsteht wirklich Neues.[57]

Charles Darwin hat in seiner Abhandlung „Die Abstammung des Menschen"[58] in zahlreichen Beispielen ausgeführt und veranschaulicht, dass Menschen und Tiere in ihrer Sinnenwelt viele Ähnlichkeiten und Übereinstimmungen aufweisen. Zusammenfassend sagt er: „Ich glaube genügend bewiesen zu haben, dass der Mensch und die höheren Tiere, besonders die Primaten, tatsächlich einige wenige Instinkte gemeinsam besitzen. Allen sind dieselben Sinne, Anschauungen und Empfindungen eigen, – sie sind ähnlichen Leidenschaften, Neigungen und Gemütsbewegungen unterworfen; selbst die komplizierteren, wie Eifersucht, Argwohn, Ehrgeiz, Dankbarkeit, Mut, treffen wir bei beiden; sie versuchen zu täuschen und kennen die Rache; sie sind manchmal für das Lächerliche empfänglich und zeigen sogar Sinn für Humor; sie fühlen Erstaunen und

---

[56] Bernhard Rensch, Das universale Weltbild. Evolution und Naturphilosophie, Darmstadt 1991, S. 3.
[57] Vgl. Bernhard Rensch, „Entstehung von Lebendem" aaO. S. 21ff.
[58] Frankfurt am Main 2008.

Neugierde; sie besitzen dieselben Fähigkeiten: die Nachahmung, die Aufmerksamkeit, die Überlegung, die Vergleichung und Wahl, das Gedächtnis, die Fantasie, die Ideenassoziation und den Verstand, wenn auch in verschiedenen Abstufungen. Individuen derselben Gattung differieren in Hinsicht auf ihren Instinkt zwischen absolutem Stumpfsinn und höchster Schärfe…"[59]
Der Mensch verdankt seine Entstehung nicht einem besonderen Schöpfungsakt Gottes. Er ist evolutiv aus dem allgemeinen Stammbaum des Lebens herausgewachsen. Damit unterliegt er den allgemeinen Gesetzen der Natur und ist kein Wesen, das in Räumen jenseitiger göttlicher Vollmacht beheimatet wäre und einen Sonderstatus übernatürlicher Nähe zu Gott hätte.

Nicht die Gegensätze von Natur und Gott, Geist und Materie bestimmen den Aufbau des Universums, sondern letztlich ist „alles ewig im Innern verwandt."[60] Dies nicht im Sinne romantischer Verklärung, sondern sachlicher Einschätzung der Verantwortung im Umgang mit den Gegebenheiten unserer Lebenswelt.
Ursprung ist nicht ein transzendenter personaler Gott, sondern eine nicht hinterfragbare, unfassbare Konzentration von Energie, die sich explosionsartig entfesselt hat und die sich seitdem evolutiv entfaltet. Auch wenn kirchliche Kreise des Christentums die Evolutionslehre beständig anzweifeln, darf nicht übersehen werden, dass die naturwissenschaftlich evolutionäre Weltsicht keine modische Trendentdeckung oder gar Erfindungen neuester Zeiten ist, die man mit dem Verweis, sich dieser Welt nicht anzupassen, hinter sich lassen kann.

---

[59] Ebd., S. 98f.
[60] Vgl. das Gedicht von Clemens Brentano, „Sprich aus der Ferne".

Aus dem Blickwinkel der Evolutionslehre formuliert der Physiker und Theologe Hans-Rudolf Stadelmann: „Der theistisch gedachte Gott, wie er uns in den meisten biblischen Gottesbildern entgegentritt, ist,... in der heutigen Zeit ein anachronistischer Fremdkörper. Es macht im Kontext unseres heutigen evolutionären Weltbilds offensichtlich keinen Sinn mehr, sich Gott rein transzendent und anthropomorph, d. h. als eine außerweltliche, und mit ins Absolute gesteigerten menschlichen Eigenschaften ausgestattete Person vorzustellen, als einen allmächtigen und absoluten Weltenherrscher, der nach Belieben Naturgesetze außer Kraft setzen und von »oben« her ins Geschick auserwählter Völker oder einzelner Menschen eingreifen kann.

Abgesehen von ganz wenigen Ausnahmen wie »Geist« und »Liebe« vermögen uns die allermeisten der überlieferten biblischen Gottesbilder, insbesondere Anthropomorphismen wie König, Vater, Richter, Hirte etc., nicht mehr anzusprechen, da sie schlicht und einfach im Kontext unseres heutigen doch weitgehend konsistenten Weltbilds keinen Sinn mehr machen.“[61]

Solche Aussagen und Einschätzungen werden in kirchlichen Kreisen kaum wahrgenommen oder als bedeutungslos übergangen. Dennoch repräsentieren sie die Gedankenwelt einer immer größer werdenden Weltöffentlichkeit, die zu ignorieren auf Dauer isoliert und an den Rand drängt. Da wird auch der Rückzug in eine vorgeblich immer kleiner werdende Elite keine lebendige Zukunft eröffnen.

---

[61] Im Herzen der Materie. Glaube im Zeitalter der Naturwissenschaften, Darmstadt 2004, S. 92.

4.3 Sündenfall oder Weg in geistige Mündigkeit

Die hebräische Bibel beginnt mit einem hymnischen Text über die Erschaffung der Welt. Das Werk Gottes wird abgeschlossen mit den Worten: „Gott sah alles an, was er gemacht hatte; Es war sehr gut“ (Gen 1,31). Doch das gute Werk Gottes wird mit der Erschaffung des Menschen schwerwiegend geschädigt. Das erste Menschenpaar ist ungehorsam, lehnt sich gegen Gottes Gebot auf und sündigt. Zur Strafe wird es aus dem guten Werk der Schöpfung vertrieben. Die bleibt hinter ihm wie ein verlorenes Paradies, während es sein Dasein in einer Welt fristen muss, die unter dem Fluch Gottes steht. Darüber hinaus teilt Gott in seiner Strafpredigt mit: „Staub bist du und zum Staub kehrst du zurück“ Gen 3,19). Der Tod erscheint als Frucht der Sünde. Wobei dies die einzige legendarisch-mythische Tradition ist, die Sterben als Folge einer Ursünde des Menschen anspricht.

Im Licht neuerer philosophischer und naturwissenschaftlicher Erkenntnisse ist diese Deutung fragwürdig und falsch. Der erzählte Vorgang, der hier das menschliche Dasein anfänglich und fortwirkend in den Schatten von Fluch und Sünde stellt, lässt sich auch anders interpretieren.

Schon Immanuel Kant äußert zu Genesis 3: „Aus dieser Darstellung der ersten Menschengeschichte ergibt sich: dass der Ausgang des Menschen aus dem... Paradies nichts anderes als der Übergang aus der Rohigkeit eines bloß tierischen Geschöpfes in die Menschheit, aus dem Gängelwagen des Instinkts zur Leitung der Vernunft, mit einem Worte: aus der Vormundschaft der Natur in den Stand der Freiheit gewesen sei."[62]

---

[62] Zitiert nach Oswald Loretz, Schöpfung und Mythos, Stuttgarter Bibelstudien Bd. 32, Stuttgart 1968, S. 11.

Für Friedrich Schiller wird der Mensch durch den *Sündenfall* „aus einem Sklaven des Naturtriebs ein frei handelndes Geschöpf, aus einem Automat ein sittliches Wesen, und mit diesem Schritt trat er zuerst auf die Leiter, die ihn nach Verlauf von vielen Jahrtausenden zur Selbstherrschaft führen wird... Dieser Abfall des Menschen vom Instinkt, der das moralische Übel zwar in die Schöpfung brachte, aber nur, um das moralisch Gute darin möglich zu machen, ist ohne Widerspruch die glücklichste und größte Begebenheit in der Menschengeschichte; von diesem Augenblick her schreibt sich seine Freiheit, hier wurde zu seiner Moralität der erste... Grundstein gelegt."[63]

Zur Position von C. G Jung schreibt Sigurd Martin Daecke: „Der Sündenfall ist auch für ihn ein Bild für die Bewusstwerdung und die Selbstfindung des Menschen. Das Böse ist notwendig für seine Selbsterkenntnis und Selbstentfaltung. Ebenso wie in der Geschichte der Menschwerdung muss in der Selbstwerdung des Individuums ein »Sündenfall« am Anfang der Entwicklung stehen."[64]

Der Schriftsteller Günter Kunert[65] formuliert: „Ja man kann unseren Austritt aus der Natur so [als Erbsünde] bezeichnen. Denn vom Baum der Erkenntnis zu essen und auch zu wissen, was Tod ist, beschreibt die Legende von Adam und Eva als Erbsünde. Solange man noch Teil der Natur war, weiß man weder, was tot ist, noch kann man andere Erkenntnisse haben, weil man nur ein Stück Natur ist. Das biblische Gleichnis erzählt von der Erbsünde, aber es ist eigentlich keine Sünde. Denn wir haben keine Schuld daran. Die Religion hat eine festgelegte Vorstellung, wie der Anfang gewesen ist. Da werden wir zur Erbsünde verführt, aber

[63] Zitiert nach S. Daecke, Gut und Böse in der Evolution, Stuttgart 1995, S. 104.
[64] Ebd. S. 104.
[65] Erstes Buch Mose. Die Schlange und die Vertreibung, in: Die letzten Indianer Europas. Kommentare zum Traum, der Leben heißt, München 1991, S. 36 und 40f.

in Wirklichkeit hat sich der Austritt aus der Natur ziemlich zufällig ergeben... Hingegen halte ich den »Sündenfall«... für die undeutliche Erinnerung an das wichtigste Ereignis der Menschheitsgeschichte: An das Heraustreten aus der Natur... Mir kommt es vor, als markiere die Erkenntnis der eigenen Nacktheit jenen Moment, da der Mensch die Geborgenheit der Natur verlässt und sich seiner Schutzlosigkeit, seiner Hilflosigkeit bewusst wird. Es ist dies der Moment höchsten Entsetzens. Denn es ist der Augenblick der Erkenntnis der eigenen Sterblichkeit – dessen was uns vom Tier, das um seinen Tod nicht weiß, grundsätzlich trennt... Die Ablösung von der Natur, auch von der eigenen, war ein langer und schmerzhafter Prozess: Der Sündenfall war die selbst verursachte Entbergung durch Erkenntnisdrang und Erkenntnisgewinn. Der Verlust der unbewusst gewesenen, ungewussten Einheit alles Seienden soll jedoch nicht ersatzlos gestrichen, sondern kompensiert werden. Dafür hält das Alte Testament die Äquivalente bereit als da sind: Herrschaft über das Weib... Herrschaft über die Erde... über die Feinde des auserwählten Volkes.“ [66]

Die Folgen der anfänglichen Umdeutung einer schmerzhaften Existenzerfahrung in eine Existenzschuld haben den biblischen Glauben nachhaltig belastet. Die Situation des Geschöpfs ist die des fluchbeladenen Sünders. Alle Unbefangenheit im Verhältnis zu Gott geht verloren. Gott nimmt unwiderruflich die Rolle des Wächters und Richters ein, demgegenüber man immer verunsichert ist. Im Psalm 51 betet jemand, der unter der Last seiner Schuld zusammenzubrechen droht: „Gott, sei mir gnädig nach deiner Huld, tilge meine Frevel nach deinem reichen

[66] Willigis Jäger, Evolution und Ursünde, in: Wiederkehr der Mystik, Freiburg 2004, S. 45 schreibt: „Der sogenannte Sündenfall brachte also nicht die Sterblichkeit, sondern die Erkenntnis der Sterblichkeit und des Wandels aller Dinge.“

Erbarmen!... Siehe, in Schuld bin ich geboren und in Sünden hat mich meine Mutter empfangen."

Im Alten Testament regnet der Schatten der Sünde sich in beständigen Konflikten, im ständigen Kampf um Vormacht und in zahllosen Kriegs- und Gerichtsszenen aus. Zu einer formulierten Lehre von Erbschuld ist es nicht gekommen. Eine Radikalisierung der Problematik hat neutestamentlich der Apostel Paulus vorgenommen[67] und kirchengeschichtlich hat der Kirchenlehrer Aurelius Augustinus explizit die Lehre von einer Erbschuld geschaffen.

[67] Vgl. dazu Kapitel 6.

5. Neue Wege im Neuen Testament?

Zunächst scheint es befreiend und weiterführend, wenn das Neue Testament der hebräischen Bibel gegenüber grundsätzlich nicht mehr einen Gott der Autorität und des Gesetzes, sondern den der Liebe zu verkünden vorgibt. Der Evangelist Johannes stellt den Prolog seines Evangeliums plakativ unter das Wort: „Denn das Gesetz wurde durch Moses gegeben, die Gnade und die Wahrheit kamen durch Jesus Christus" (Joh. 1,17).

Als befreienden Weg aus jüdischer Gesetzlichkeit und falschem Hoheitsdenken lässt sich hier alles anführen, was in Kapitel 8 über Jesus von Nazareth und seine Botschaft dargelegt wird. Wirklich neu in der christlichen Botschaft ist nur das, was sich authentisch auf ihn zurückführen lässt. Das macht allerdings nur einen Teil der unter dem Titel »Neues Testament« zusammengestellten Texte aus. Dazu gehören vor allem auch die apostolischen Briefe und die Schriften der johanneischen Schule. Sie stehen in Spannung und teilweise auch im Widerspruch zu Kerngedanken der Botschaft Jesu.

5.1 Das Johannesevangelium

Zunächst ist es das Johannesevangelium selber, das für Jesus einen befreienden Weg aus mosaischer Umklammerung programmiert, ihm dann aber doch ein Selbstverständnis ganz nach dem Maß alttestamentlicher Autorität und Hoheit zulegt. Für Johannes geht es um eine Art Anti-Messias, den transzendenten Sohn Gottes.

Das Evangelium ist das späteste, das gegen Ende des ersten Jahrhunderts verfasst worden ist. Man schreibt ihm eine besonders mystische Sicht auf das Leben Jesu zu. Bei näherem Betrachten interpretiert es allerdings weniger mystisch als spekulativ und hat die Lehre von Jesus als metaphysischem Sohn Gottes entscheidend zugespitzt und zu einem allgemeinen christlichen Glaubensinhalt werden lassen. Nur das Johannesevangelium kennt ständige Selbstpräsentationen Jesu in den sogenannten Ich-bin-Worten. Sie betonen Jesu unvergleichlich herausragende Würde und Größe, wenn sie ihn sagen lassen: „Ich bin das Brot des Lebens, das Licht der Welt, der wahre Weinstock, der Weg und die Wahrheit und das Leben. Ich und der Vater sind eins." Gemeint ist natürlich: Ich, und keiner sonst. Darin nimmt Johannes die alttestamentarische Tradition beim Propheten Jesaja auf, wo der Gott Jahwe seine Einzigkeit unter der bekannten Formel »ani hu« proklamiert[68]. Er meint damit: Ich bin der Herr, der Heilige, der Erste und der Letzte, der einzige Retter – und keiner sonst. Für den Evangelisten Johannes ist Jesus nicht der Messias, wohl aber der in verklärter Hoheit über die Erde schreitende Gottessohn, der selbst in seiner Passion die Fäden des Handelns in der Hand behält. In dieser Hoheit widerspricht der Jesus des Johannes-

[68] Vgl. Jes 43, 10.13.

evangeliums deutlich dem Jesusbild der drei anderen Evangelien, der Synoptiker. Dort versteht Jesus sich als Menschensohn, mitten unter den Menschen und nicht souveräner Herr über allem Geschehen. Wie später dargelegt wird[69], bewegt Johannes sich weit außerhalb der weisheitlichen Kernbotschaft Jesu. Auf seine Weise hat er der Botschaft Jesu eine ähnlich abweichende Richtung aufgeprägt, wie aus anderen Motiven der Apostel Paulus und dessen apostolische Tradition.

---

[69] Kapitel 8.

5.2 Das autoritäre Gottesbild des Apostels Paulus

Der Apostel Paulus spielt eine besondere Rolle, weil seine Briefe den Glauben der frühen christlichen Kirche so maßgebend und nachhaltig geprägt haben, dass man ihn als den eigentlichen Begründer des Christentums bezeichnen kann. Sein weitreichender und beherrschender Einfluss wird noch unter verschiedenen Einzelthemen zur Sprache kommen. Das Leben und die Botschaft Jesu treten dabei deutlich in den Hintergrund. Das, was im Leben und in der Botschaft Jesu offenkundig die Menschen angezogen und fasziniert hat, und was bis heute eine eigene überzeugende Anziehungskraft ausstrahlt, kommt bei Paulus nicht vor.

Der Apostel ist bei seiner Bekehrung zwar aus einem Saulus zu einem Paulus geworden, hat Jesus aber selber nicht kennengelernt und lässt nichts von der Faszination erkennen, die der irdische Jesus auf seine Jünger ausgeübt hat. Hinter dem Bericht von der wunderbaren Begegnung mit dem auferstandenen Jesus Christus steckt wahrscheinlich die Erinnerung an dramatische geistig-psychische Auseinandersetzungen des Apostels, als ihm die Lehre des Galiläers plötzlich begegnete und in ihrer persönlich erschütternden Bedeutung bewusst wurde. Leben und Botschaft Jesu interessieren ihn nicht. Bezeichnend für ihn ist, dass er nach seiner »Bekehrung« für drei Jahre keinen Kontakt zu den frühen Gemeinden in Jerusalem sucht (Gal 1,15-24). Was er erfahren hat, ist so außergewöhnlich, dass es in den Rahmen der an Jesus und seiner Botschaft orientierten Gemeinde nicht hineinpasst. Er verdichtet seine Deutungen allein auf Jesu Kreuz und Auferstehung, woraus er die eigenständige Lehre der Erlösung konzipiert. Neben Anklängen an Einflüsse des hellenistisch orientierten Judentums treten in den Interpretationen

Herkunft und Mentalität des Apostels als jüdischer Pharisäer deutlich hervor. Zahlreiche und entscheidende Positionen seiner Verkündigung entsprechen mehr jüdischem Denken als dem ursprünglichen Selbstverständnis Jesu.

Im Brief an die Römer (Kapitel 9-11) führen seine Interpretationen den Gott des Alten Testamentes wie selbstverständlich als maßgebliche Autorität des Glaubens ein. Dabei korrigiert er die jüdische Tradition nicht, er verstärkt sie sogar. Grundsätzlich will er darlegen, dass Gott bei seiner Berufung, Auserwählung und Heilszusage trotz der Abspaltung des jüdischen Volkes absolut zuverlässig und vertrauenswürdig ist. Die Gläubigen des Neuen Bundes sollen in ihrem Vertrauen auf den Gott des Alten Bundes bestärkt werden.

Dies versucht er, indem er das Handeln Gottes aus allen allgemein menschlich verständlichen Vorstellungen von Gerechtigkeit, Auserwählung und fürsorglicher Vorherbestimmung herauslöst. Ausgehend stellt er fest, dass Gott in seiner Gnadenwahl und Vorherbestimmung völlig unabhängig und frei ist. Schicksalhaft hat er festgelegt: „Jakob habe ich geliebt, Esau aber gehasst." Und dies, „obwohl die Kinder weder Gutes noch Böses getan" hatten. Anschließend fragte der Apostel: „Heißt das nun, dass Gott ungerecht handelt? Keineswegs! Denn zu Mose sagt er: „Ich schenke Erbarmen, wem ich will und erweise Gnade, wem ich will.“ Geantwortet wird mit dem Verweis auf eine absolut unabhängige und willkürliche Freiheit Gottes. Das Handeln Gottes geschieht außerhalb aller allgemein üblichen Kriterien für gut und böse, gerecht und ungerecht.
Dieser hier neutestamentlich proklamierte Gott ist der gleiche, der im Buch Genesis grundlos das Opfer des Abel annimmt und das des Kain

ablehnt. Man könnte auch sagen: Abel hat er geliebt, Kain aber gehasst. Es gibt keine Kriterien, von denen man ableiten könnte, wieso Gott so oder so entscheidet, und das in einer Frage, die über Heil und Unheil entscheidet. Es geschieht einfach gemäß Gottes völlig unzugänglichem Willen.

Auch angesichts des Lebens und der Botschaft Jesu lebt hier das alttestamentliche Gottesbild unbefragt fort und leuchtet in der ganzen Darlegung als normgebend auf. Auch neutestamentlich gilt für Paulus: Gott handelt heilbringend und gerecht: „Denn zu Mose sagt er: »Ich schenke Erbarmen, wem ich will, und erweise Gnade, wem ich will«." Bezüglich des Pharao in Ägypten wird bestätigt: "Er erbarmt sich also, wessen er will, und macht verstockt, wen er will." Aussagen, die bei näherem Betrachten erschreckend und abstoßend wirken müssen. Ohne jedes Anzeichen von persönlichem Berührtsein sieht der Apostel das Verhältnis Gottes zum Menschen dann auf der gleichen Ebene wie den handwerklichen Umgang eines Töpfers mit seinem Arbeitsmaterial. Gott ist als Schöpfer der Welt souveräner „Herr über den Ton" und als Töpfer kann er nach Belieben „ein Gefäß für Reines, ein anderes für Unreines herstellen", etwas, was man brauchen kann oder nach Belieben wegschmeißt.

Jede spontan zu erwartende Rückfrage an Gott weist der Apostel als Anmaßung zurück. Das sich hier spiegelnde Gottesbild prägt unterschwellig die gesamte Verkündigung des Apostels. Im Konfliktfall hat der Mensch immer zu wissen, wer dieser sein Gott ist: er ist erhaben über natürlich-menschliche Empfindungen und Vorstellungen. Allerdings dürfen wir auf seine ungeschuldete Gnade hoffen - wie mittellose, eigentlich auch wertlose Bittsteller.

Ist das ein Gott, der uns liebt und dem wir vorbehaltlos vertrauen dürfen? Das für den Glauben – ob Alter oder Neuer Bund – allein entscheidende Kriterium ist Unterwürfigkeit und persönliche Auslieferung an die Hoffnung, Empfänger willkürlich zugedachter Gnadengaben zu werden.

Wer so denkt wie der Apostel in dieser Kundgabe, der hat von Jesus und seiner Botschaft nichts verstanden. Fatal ist, dass die hier massiv geäußerte Ideologie das Denken und Handeln der apostolischen Kirche bis in feinste Verästelungen geprägt hat und prägt. Was aber erwartet ein Christentum, das sich in seinen Gründungsdokumenten mit einem derartigen, von alttestamentlicher Autorität und Willkür geprägten Gottesbild präsentiert? Natürlich wird es auch Zustimmung finden. Nur von welcher Seite?

Quo vadis?

5.3 Alleiniger Besitz der Wahrheit?

Weitreichende Eingriffe in die Vorstellung vom Verhältnis der neuen christlichen Lehre zu seiner politischen und gesellschaftlichen Umwelt nimmt der Apostel Paulus auch in zahlreichen, zentralen Texten aus seinen Briefen vor. Insgesamt löst er darin das Christentum grundsätzlich aus allen religiösen und kulturellen Verbindungen und Verflechtungen mit den zeitgleichen antiken Lebensformen heraus. Die Umwelt ist für ihn heidnisch, also feindlich und minderwertig. Für sie hält er im Römerbrief 1,18ff fest: „Denn was man von Gott erkennen kann, ist ihnen offenbar; Gott hat es ihnen offenbart... Dafür sind sie unentschuldbar. Denn sie haben Gott erkannt, ihn aber nicht als Gott geehrt und ihm nicht gedankt. Sie verfielen in ihrem Denken der Nichtigkeit... Darum lieferte Gott sie durch die Begierden ihres Herzens der Unreinheit aus..." Es folgt dann ein ausführlicher Lasterkatalog, der bezüglich der gesamten heidnischen Lebenswelt vernichtender nicht sein kann. Aus einem ähnlichen Blickwinkel bestätigt der Apostel im ersten Brief an die Korinther 1,18ff: „Hat Gott nicht die Weisheit der Welt als Torheit entlarvt? ... Das Törichte in der Welt hat Gott erwählt, um die Weisen zuschanden zu machen, und das Schwache in der Welt hat Gott erwählt, um die starken zu Schanden zu machen."

Auch hier gilt, dass keine dieser Behauptungen eine innere Nähe zur Botschaft Jesu hat oder sich von dort her belegen lässt. Gleichzeitig distanziert der Apostel das Christentum damit von der gesamten Philosophie und Kultur der Antike und etabliert es als »Gegenreligion«. Wie das von außen wahrgenommen und eingeschätzt wurde, belegt ein Wort des römischen Kaisers und Philosophen Marc Aurel, der in seinen Selbstbetrachtungen schreibt: „Doch ist es notwendig, dass diese Bereitschaft [zu

ethischem Handeln] aus einer eigenen Entscheidung hervorgeht und nicht aus reinem Widerspruchsgeist erfolgt, wie es bei den Christen der Fall ist."[70] Im Umfeld der damaligen Philosophie wird die neue Religion kaum erwähnt. Die Stoa, die neben dem Neuplatonismus die führende philosophische Strömung der Zeit war, hat sich mit dem Christentum nicht näher auseinandergesetzt.
Seit dem vierten Jahrhundert mit Konstantin dem Großen übernimmt das Christentum mehr und mehr die führende Rolle in Politik und Gesellschaft. Es wird zur *religio licita* (zur erlaubten Religion) und dann zur Staatsreligion. Von daher hat es eigene Mittel zur Verfügung, sich mit den Resten der antiken Religionen auseinanderzusetzen. Letztere hat es mit Sicherheit gekonnt und zielstrebig eingesetzt. Denn seine dann etablierte Rolle als führende politische und gesellschaftliche Kraft und Institution ist nicht nur das Ergebnis überlegener Streitkultur und mühsam gefundene Verständigungen. Antike Kultorte wurden geschlossen und staatlich verboten. Zerstörte Heiligtümer des Mithraskultes sprechen eine eigene Sprache. Schon der kirchlich proklamierte auferstandene Christus hatte anders als der historische Jesus klar vorgegeben, sich durchzusetzen und zu siegen. Mit diesem Auftrag wusste das Christentum umzugehen.

Insgesamt öffnet der Apostel Paulus mit der rigiden Abgrenzung seiner Religion den verhängnisvollen Weg der Kirche in eine beständige innere und äußere Auseinandersetzung. Von außen Ablehnung und Feindschaft, was sich machtpolitisch über Jahrhunderte zurückdrängen oder ausschließen ließ; nach innen ständiger Kampf gegen Häretiker, Inquisi-

---

[70] Marc Aurel, Wege zu sich selbst, München/Zürich 1990, Buch XI,3.

tion, konfessionelle Spaltungen und Formen autoritärer Gewalt. Umfassend hat sich der Anspruch des Apostels durchgesetzt und gipfelte in dem Satz: „Extra ecclesiam nulla salus." (Außerhalb der Kirche kein Heil.) Ein Satz, den man über Jahrhunderte selbstbewusst und furchteinflößend verkünden konnte. Ein Satz, der über Jahrhunderte Ängste, Feindschaft und Unheil ausgelöst hat, den man heute so nicht mehr zu formulieren wagt. Widerrufen will man und wird man ihn aber nicht.

Hier mag kurz der Titel des Buches eingeblendet werden: „Quo vadis"? – Wohin gehst du Christentum? Hoffentlich wird es dem Christentum, den christlichen Kirchen, immer bewusster, dass der Satz „extra ecclesiam nulla salus" nicht nur als provozierendes Aushängeschild, sondern auch als innere Glaubensvorgabe in wesentlichen Bereichen modifiziert, wenn nicht gelöscht, werden muss. Es genügt nicht, ihn so nicht mehr zu formulieren. Die Gesinnung und das Selbstbewusstsein, die ihn geschaffen haben, müssen sich grundsätzlich wandeln. Nach innen lebt er immer noch unverändert in einer Reihe von unantastbaren Normen, Dogmen und rituellen Vollzügen, die seinen allgemeinen Anspruch bestätigen und einfordern.

So das apostolische Glaubensbekenntnis und der Glaube an einen jenseitigen, allmächtigen Schöpfergott; das Sakrament der Taufe und der Glaube an die Erbsünde; die rigiden Forderungen christlicher Moral. Alle diese einzelnen Elemente sagen: Das repräsentiert uns. Heil kann man nur erlangen, wenn man sich innerhalb der mit dem Satz verbundenen Forderungen und Bedingungen aufhält und bewegt. Aber selbst nach innen werden diese Vorgaben kritisch infrage gestellt und als absoluter Anspruch abgelehnt. Der Satz muss von innen her aufgelöst werden, denn er beinhaltet falsche Ansprüche und Forderungen und muss Freiraum lassen für offene Auseinandersetzungen, in denen nicht nur das Lehramt, sondern auch die Stimme der Gläubigen ernsthaft in Betracht gezogen wird. Nach außen kann die Bekundung der eigenen Identität durchaus Unterschiedenheit und Anderssein zum Ausdruck bringen. Sie muss sich aber von dem Verdacht befreien, abweisende Grenzziehung und Widerspruch zu anderen Kulturen und Religionen zu markieren.

Entscheidend für die Rolle des Christentums als Weltreligion wird die Bereitschaft sein, den Nimbus absoluter Unvergleichlichkeit und Überlegenheit abzulegen. Grundsätzlich sollte das Christentum nicht davon leben, was es von anderen unterscheidet und trennt, sondern dass ihm mit anderen Religionen und Kulturen gemeinsam aufgetragen ist, für eine menschenwürdige Gestaltung der zukünftigen Welt zu sorgen.

6. Ein von „Sünde“ verfinstertes Welt- und Menschenbild

6.1 Unter der Schmach einer Erbschuld?

Für das Christentum entscheidend war auch, dass der Apostel Paulus den jüdischen Ansatz einer inneren Verbindung von Menschwerdung, Sündenfall und Tod nicht nur übernommen, sondern auch noch radikalisiert hat. In der Verkündigung Jesu gibt es darauf keinerlei Hinweis. Im Brief an die Römer schreibt der Apostel: „Durch einen einzigen Menschen kam die Sünde in die Welt und durch die Sünde der Tod, und auf diese Weise gelangte der Tod zu allen Menschen, weil alle sündigten." (5,12) Etwas später heißt es im gleichen Brief (5,18f): „Wie es also durch die Übertretung eines einzigen für alle Menschen zur Verurteilung kam, so wird es auch durch die gerechte Tat eines einzigen für alle Menschen zur Rechtsprechung kommen, die Leben gibt. Wie durch den Ungehorsam des einen Menschen die vielen zu Sündern wurden, so werden auch durch den Gehorsam des einen die vielen zu Gerechten gemacht werden.“

Für sich selbst hat die Menschheit ihr Heil verwirkt. Die Möglichkeit einer inneren, eigenen Gestaltung ihres Schicksals ist ihr genommen. In sich ist ihre Existenz korrupt und zerstört und bedarf einer Heilung durch die erlösende Hingabe Jesu Christi in den Tod. Mit seiner Geburt wird dem Menschen eine verderbte, heilsuntaugliche Natur verliehen, die durch das Sakrament der Taufe gereinigt und geheilt werden muss. Konkret bedeutete und bedeutet das die Abhängigkeit vom christlich gespendeten Sakrament der Taufe. Bewusst oder unbewusst wird damit das Selbstwertgefühl jedes Menschen infrage gestellt. Die verlangte Anerkennung von eigener Minderwertigkeit und äußerer Abhängigkeit ist mit der Tradition und der persönlichen Erziehung so tief eingebrannt, dass sie innerhalb der Glaubensgemeinschaft wie selbstverständlich hingenommen wird. Allerdings ist spätestens seit der Aufklärung der Widerstand dagegen gewachsen und heute weit verbreitet. Heute ist eine derartige Einschätzung nicht mehr zu vermitteln. Eine Religion, die weltweite Anerkennung und Mitgliedschaft erwartet, trennt sich damit unwiderruflich von allen anderen Religionen und von Menschen mit einem aufgeklärten Selbstbewusstsein. Dies vor allem, weil die Frag- und Unglaubwürdigkeit der Zusammenhänge immer deutlicher wird.

Die vom Apostel Paulus behauptete Konzentration des verhängnisvollen Geschehens auf die Person des Adam oder des ersten Menschenpaares ist schlichtweg falsch. Es dürfte paläontologisch erwiesen sein, dass die Menschheit sich von verschiedenen Quellorten aus entwickelt hat. Einen ersten Menschen hat es nicht gegeben. Der sogenannte Sündenfall war – wie oben schon angesprochen[71] – kein fatales Ereignis, sondern ein dem Menschen von der Evolution aufgezwungenes Geschehen, in dessen Verlauf sich die ethische Verantwortung langsam entwickelte. Dabei stellten sich die Wertungen gut und böse, Tugend und Sünde allmählich heraus.

Neben dem fragwürdigen Ursprung der Sünde bei einem ersten Mensch steht auch die Frage nach der Übertragung auf die Nachkommen und die ganze Menschheit. Denkbar wäre eine Interpretation in dem Sinne, dass jeder Mensch in eine von Sünde und Schuld gezeichnete Gesellschaft geboren wird. Das provoziert habituelle Nachahmung und damit

---

[71] Vgl. Kapitel 4.3.

auch Beteiligung und Gleichheit, ist aber nicht angeboren, sondern hängt von der mündigen Entscheidung des einzelnen ab. Angeborene Schuld ist nur denkbar, wenn man sie biologisch geerbt hat. Um das nachzuvollziehen, bedarf es eines hohen Maßes an Fantasie, die dem heiligen Augustinus offenkundig zur Verfügung stand.
Er war es, der dem Glaubensbewusstsein den finsteren Schatten der Erbsünde und der absoluten Abhängigkeit von der Barmherzigkeit und Gnade Gottes zutiefst eingebrannt hat.[72] Vor Gott gehören wir von Geburt an zu einer „massa damnata“, die nur darauf hoffen darf, durch Gottes unverdiente Gnade gerettet zu werden. Innerhalb der christlichen Kirchen eine schreckenerregende Bedrohung – von außen mehr und mehr verwundertes Kopfschütteln und Ablehnung.

Innerkirchlich haben die falschen Mutmaßungen des Apostels und die Lehre des Augustinus schweren Schaden angerichtet. Unterschwellig belastet diese Hypothek das gesamte Gottesverhältnis, schwingt doch immer etwas von Minderwertigkeit mit. Grundsätzlich sind wir unwürdig, wie wir es in jedem Messopfer mit dem Ruf bekennen: „Herr, ich bin nicht würdig...“ Eine innere Werthaftigkeit gibt es nicht in sich; sie muss immer erbeten und von außen neu erstellt werden. Jede Feier der Eucharistie beginnt mit einem Sündenbekenntnis und einer rituellen Lossprechung. Sind wir doch vor Gott unausweichlich Sünder; ständig bedroht, durch neues Versagen die Liebe Gottes wieder zu verlieren. Bei der Spendung des Taufsakramentes wird zwischen Gott und den Täufling auch noch die mythische Welt des Teufels geschoben. Durch eine Teufelsaustreibung wird der Mensch aus dem Reich der Sünde und des

[72] Vgl. dazu: Kurt Flasch, Logik des Schreckens. Augustinus von Hippo. Die Gnadenlehre von 397, Mainz 1990.

Bösen befreit und in das Reich Gottes gerettet. (Würde man den Akzent auf die feierliche Aufnahme eines Neugeborenen in der Glaubensgemeinschaft der Kirche setzen, ließe sich die Taufe als Fest der Glaubensgemeinschaft feiern.)
Es gibt kaum ein Weihnachtslied, das unbefangen die Freude über Gottes liebevolle Zuwendung zu unserer hilfsbedürftigen Natur feiert. Irgendwie werden wir immer auch aus unserem selbstverschuldeten Elend erlöst. Dieser Unterton mag an einem Festtag wie Weihnachten weitgehend überspielt und überhört werden. Aber in Verbindung mit zahlreichen anderen Anspielungen, die uns als Sünder apostrophieren, wächst und artikuliert sich eine Gestimmtheit, die innerlich widerspricht und sich abwendet. Sie wehrt sich dagegen, dass wir nicht einfach als Geschöpf Gottes auch seine geliebten Kinder sind, sondern es dem rettenden Ritus der Sündenvergebung in der Taufe verdanken.

Ein Kind, von seiner Entstehung und Geburt her unter dem Zorn Gottes? Eine Mutter wird das geflissentlich überhören, beunruhigt sein oder widersprechen. Zurück bleiben mit Sicherheit Unbehagen oder Abneigung. Wie viele Frauen hat schon die Angst umgetrieben, ihr ungetauftes Kind könnte durch einen plötzlichen Tod für immer von Gott getrennt sein, in die Hölle geraten? Wenn die Kirche hier nicht sensibler wird, werden sie und der von ihr verkündete Gott Vertrauen und Zustimmung verlieren.
Angesichts vieler offen oder krass in die Augen springender Probleme können die unterschwellig nagenden Verunsicherungen und Entfremdungen immer noch verdrängt und überspielt werden. Aber langfristig wird ein rational und emotional befremdliches Gottesbild auf Distanz und Trennung drängen. Wem die befremdliche, unhaltbare Lehre von der Erbsünde bewusst wird – und das sind zwangsläufig immer mehr Men-

schen – wird sich betrogen fühlen und sich aus einer einengend und erniedrigend empfundenen Bevormundung befreien. Es gibt keine systematischen Untersuchungen zu den immer zahlreicher werdenden Austritten aus der Kirche. Aber in jedem einzelnen bündeln sich langsam entwickelte Entfremdungen oder auch kurzfristig provozierende Ereignisse.

Der gesamte Komplex von Sünde, Erbschuld und Erlösung kann von der Verkündigung Jesu her weder begründet noch belegt werden. Die Evangelien zeigen den Menschen durchaus in moralischer Schwäche, in Schuld und Versagen. All das ist aber abhängig von persönlichen Entscheidungen und vorsätzlichem Handeln. Die Vorstellung von kollektiver Schuld kommt in der Verkündigung Jesu nicht vor. Vergebung findet der Sünder, indem Jesus sich ihm persönlich zuwendet. Vergebung geschieht nicht als Erlösung, sondern als persönliche Entlastung und Befreiung. Das geschieht oft im Widerspruch zur rituellen Kälte und zu moralischen Vorurteilen der jüdischen Umwelt. Mit seinem Tod am Kreuz bezeugt Jesus den unverbrüchlichen Willen Gottes zur Vergebung, die immer persönlich zugesprochen und empfangen wird.

Dass Jesus den Menschen nicht in einer wesenhaften durch Erbsünde oder Erbschuld verursachten Trennung von Gott sieht, bezeugen zahlreiche Zusagen und Aufforderungen in verschiedenen Situationen. In den Seligpreisungen der Bergpredigt spricht er denjenigen Heil zu, die keine Gewalt anwenden, Barmherzigkeit erweisen und Frieden stiften. Das Heil erlangt, wer die im Menschen angelegten Grundwerte der Gewaltlosigkeit, der Barmherzigkeit und des Willens zum Frieden verwirklicht. Dazu hat der Mensch von Natur aus Zugang und dazu muss er nicht zuerst durch einen Gnadenakt befähigt werden. Auch im Gleichnis vom jüngsten Gericht werden Menschen danach beurteilt, was sie in ihrem Leben getan haben; wozu sie also von ihrer Natur aus befähigt waren. Sie müssen nicht einmal Jesus und seine Lehre persönlich gekannt haben. Es genügt die Bereitschaft, auf die in der Natur des Menschen angelegten positiven Kräfte und Impulse einzugehen und danach zu handeln. Diese Aspekte zu betonen, wäre sicherlich sinnvoller, als den Menschen auf die Umwege von Erbschuld, Erlösung und sakramentaler Befreiung zu schicken.

6.2 Der Tod als „Sold der Sünde“?

Folgenschwer ist auch der zweite Aspekt in den Worten des Apostels aus dem Römerbrief. Mit der Behauptung, der Tod sei durch die Sünde in die Welt gekommen, bringt er das Christentum in einen gefährlichen Widerspruch zu unbestreitbaren, naturwissenschaftlichen Erkenntnissen. Den Tod gab es schon lange vor dem Erscheinen des Menschen. Er hat die naturgeschichtliche Entwicklung des Menschen erst möglich gemacht. Denn er ist nicht „der Sold der Sünde", sondern inneres Konstitutiv des Lebens selbst. Ohne Sterben gäbe es kein Leben. Das ist heute eine Binsenwahrheit, an der die christliche Theologie und die gelebte Glaubenspraxis mit ihren Dogmen und Ritualen kommentarlos vorübergehen. Traditionell mag man hoffen, dass die Widersprüche sich im Laufe der Zeit verflüchtigen. Probleme lassen sich allerdings nicht dadurch lösen, dass man sie vergisst. Man muss sie aufarbeiten und die darin versteckten Irrtümer aufklären.

Sterben steht im christlichen Glauben immer unter dem Schrecken, dass ein verhängter Fluch zur Vollstreckung kommt. Der Tod wird als schrecklicher Feind des Menschen gedeutet, der in der Auferstehung Jesu Christi besiegt worden ist. Entsprechend wird er auch als bedrohlicher Schrecken erlebt und gefürchtet. Natürlich wird der Mensch immer Angst vor dem Sterben und vor dem Tod haben. Dabei kann allerdings seine Deutung die Hinnahme und den Zugang erschweren oder entspannen. Ihn als göttliche Strafe und Auswirkung eines vernichtenden Fluches zu erleben, bewirkt eine überstarke Belastung mit Angst- und Schreckensgefühlen. Traditionell christlich begegnet man Sterben und Tod mit der

Beichte und dem Sakrament der Krankensalbung[73], der die Kraft übernatürlicher, wunderbarer Vergebung der Sünden beigemessen wird. Das alles ist Auseinandersetzung mit Sündenangst und Furcht vor einem kommenden, möglicherweise vernichtenden Gericht. Klassisch christlicher Glaube lässt niemanden an einem drohenden Strafgericht vorbeikommen.

Ein deutlich entspannterer Zugang ist möglich, wenn der Tod als inneres Konstitutiv des Lebens gedeutet und angenommen wird. Er ist letztlich ein Teil des Lebens. Dann fordert er nicht mehr unmittelbar vor ein Sündengericht, sondern kann als Zugang zu einer sich neu erschließenden Form des Lebens angenommen werden. Er ist Eingang oder auch Rückkehr in die umfassende Ganzheit des Lebens und unserer Existenz. Die natürlichen Ängste können so aufgehellt und entspannt werden.

Sehr schön bringen das die Worte Jesu im Johannesevangelium 12,24 zum Ausdruck, die er im Hinblick auf sein unmittelbar bevorstehendes qualvolles Sterben spricht. Eigentlich wäre ein Wort zu erwarten, das den Schrecken seines gewaltsamen Todes und den Sieg seiner Auferstehung artikulieren würde. Aber Jesus wählt ein naturnahes Beispiel und sagt: „Wenn das Weizenkorn nicht in die Erde fällt und stirbt, bleibt es allein; wenn es aber stirbt, bringt es reiche Frucht."

Die Deutung von Tod und Auferstehung auf einer gänzlich neuen Ebene. Bildlich gesprochen, muss das Weizenkorn zurück in das Lebenselement der Erde, aus dem es hervorgegangen ist. Sterben erscheint als das Zu-

---

[73] Früher „letzte Ölung" genannt.

sammenwachsen eines vereinzelten und damit auch isolierten und begrenzten Einzelwesens mit dem Urgrund seiner Existenz. In diesem Zusammenwachsen muss es seine individuelle Einzelform aufgeben, sterben, zu Nichts werden. Aber dadurch öffnet sich ihm ein neuer, ungleich größerer Lebensraum, in dem es sich in neuer, verwandelter Form entfalten kann. Leben gibt es nur als eine Kette von ineinandergreifenden Wandlungsprozessen, die immer auch mit einem partiellen Sterben verbunden sind und entsprechend von Ängsten begleitet werden. Aber man stirbt anders, wenn man den Tod nicht als ich Sold der Sünde, sondern als Tor zu einem besseren, wahren Leben begreift. Ganz gleich, ob Jesus das Wort im Johannesevangelium gesprochen hat oder nicht, es beinhaltet eine großartige, befreiende Alternative zu den gängigen, angstbesetzten Vorstellungen von Sünde, Schuld und drohendem Gericht.

Befreiend spricht auch Meister Eckhart, wenn er in der Predigt 8 ausführt: „Wir preisen das Sterben in Gott, auf dass er uns versetzte in ein Sein, das besser ist als Leben: ein Sein, in dem unser Leben lebt, darin unser Leben ein Sein wird. Der Mensch soll sich willig in den Tod geben und sterben, auf dass ihm ein besseres Sein zuteil werde... Darin liegt der Seele Lauterkeit, dass sie geläutert ist von einem Leben, das geteilt ist, und eintritt in ein Leben, das geeint ist... Wir bitten Gott, unseren lieben Herren, darum, dass er uns helfe von einem Leben, das geteilt ist, in ein Leben, das eins ist. Dazu helfe uns Gott. Amen."

6.3 Sünde und Sexualität

Keine der großen Weltreligionen, weder in der Antike noch in der Gegenwart, kennt eine ähnlich differenzierte und überspannte Beobachtung des sexuellen Verhaltens bei Menschen wie das Judentum, das Christentum und der Islam. Nicht zufällig quält sich der Apostel Paulus im ersten Brief an die Korinther (Kapitel 7) mit den Themen Jungfräulichkeit, Ehe und sexuelle Betätigung. Insgesamt gilt hier wie dann auch im späteren kirchlichen Leben Jungfräulichkeit als bessere, besonders achtenswerte Lebensform. Paulus erkennt die Ehe als von Gott gestiftet an. Er selber ist unverheiratet, und wünscht, dass alle lebten wie er. Eheliche Partnerschaft kommt zentral unter dem Gesichtspunkt der sexuellen Bezüge zur Sprache. Dass es dabei um ganzheitliche Beziehungen geht, bleibt außerhalb der Betrachtung. Den für ihn entscheidenden Aspekt nennt der Apostel, wenn er sagt: „Wegen der Gefahr der Unzucht soll aber jeder seine Frau haben, und jede soll ihren Mann haben“ (7,2). Sexuelle Betätigung außerhalb der Ehe wird offenkundig als sündhaft eingestuft. Beispiele für eine ähnliche Einschätzung in Zeugnissen antiker Religionen und Kulturen dürften kaum beizubringen sein.

Für jeden, der vor der Entscheidung zur Ehe steht, gilt: „Wer aber in seinem Herzen fest bleibt, weil er sich in der Gewalt hat und seinem Trieb nicht ausgeliefert ist, wer also in seinem Herzen entschlossen ist, seine Jungfrau unberührt zu lassen, er handelt richtig. Wer seine Jungfrau heiratet, handelt richtig; doch wer sie nicht heiratet, handelt besser.“ (7,37f). Einer verwitweten Frau wird wiederum geraten, möglichst unverheiratet zu bleiben. Über allen Ausführungen des Apostels steht die Frage nach dem sexuellen Trieb, der offenkundig als Gefahr und Bedrohung gesehen wird. Die Ehe ist eine Einrichtung, in der man den Trieb sündlos abreagieren kann.

Jesus behandelt das den Apostel Paulus quälende und den Gemeinden aufgedrängte Thema an keiner Stelle ausführlich. Im Matthäusevangelium 19,12 spricht er von verschiedenen Gründen, warum jemand ehelos leben kann oder will. Vom Motiv „um des Himmelreiches willen" sagt er: „Wer das erfassen kann, der erfasse es." Bei der Auswahl von Männern, die er als Apostel beruft, gilt Ehelosigkeit an keiner Stelle als Voraussetzung. Zumindest der Apostel Petrus war verheiratet, denn Jesus ist im Haus seiner kranken Schwiegermutter zu Gast und heilte sie (Mk 1,29-31). Der Apostel Paulus bestätigt später, dass Petrus und auch andere Apostel bei ihren Missionsreisen von ihren Frauen begleitet wurden.[74]
Einen Aspekt der Sexualmoral greift Jesus nur unter dem Gesichtspunkt des Ehebruchs auf, einer moralisch-ethischen Frage, die als einzige in diesem Umfeld auch in anderen Religionen und Kulturen eine Rolle spielt. Denn dabei geht es nur indirekt um Fragen der Sexualität, sondern um grundlegende Strukturen menschlichen Zusammenlebens. Ansonsten kommen in Jesu Worten Unzucht und Ehebruch nur einmal im Zusammenhang mit anderen Lastern wie Habgier, Bosheit, Verleumdung und anderen schweren Vergehen vor. Gemeint sind keine inhaltlichen Präzisierungen oder Bewertungen, sondern allein die Betonung, „dass all dieses Böse von innen kommt". Fragen der Sexualität kommen in der Verkündigung Jesu nicht vor.

[74] Vgl. 1Kor 9,5.

Im Hinblick auf die heute aktuellen Problemfelder der Sexualmoral wird deutlich, dass das Christentum der Geschlechtlichkeit des Menschen immer skeptisch gegenüber gestanden hat. Das Ideal der Jungfräulichkeit hatte immer Vorzug. Erschreckend und unverständlich ist die grundsätzliche Qualifizierung aller geschlechtlichen Aktivitäten außerhalb der Ehe als Sünde. Sie ist weder kulturgeschichtlich noch von der Natur des Menschen her zu begründen. Hier orientieren sich die Menschen heute bereits außerhalb der kirchlichen Moral. Auf der gleichen Ebene stößt die Kirche in Fragen der Empfängnisverhütung und der Unauflöslichkeit der Ehe auf Unverständnis und Widerstand. Unter dem Gesichtspunkt *quo vadis* ist ein Umdenken notwendig, wenn Anschluss an die Moderne gehalten werden soll.

6.4 Der Mann – das Haupt der Frau?

Die Ehe akzeptiert der Apostel Paulus zur Vermeidung von Unzucht. So kann es nicht verwundern, dass der Frau in der Ehe eine untergeordnete Rolle zugeteilt wird. Grundsätzlich gilt für den Apostel: „Der Mann ist das Haupt der Frau... Der Mann wurde nicht für die Frau geschaffen, sondern die Frau für den Mann... Wie es in allen Gemeinden der Heiligen üblich ist, sollen die Frauen in der Versammlung schweigen; es ist ihnen nicht gestattet zu reden. Sie sollen sich unterordnen, wie auch das Gesetz es fordert. Wenn Sie etwas wissen wollen, dann sollen sie zu Hause ihren Mann fragen; denn es gehört sich nicht für eine Frau, vor der Gemeinde zu reden“ (1 Kor 7; 11,1-16 und 14, 33-36).

Schließlich wagt der 1. Timotheusbrief (2,8-15) noch eine Steigerung indem er sagt: „Eine Frau soll sich still und in aller Unterordnung belehren lassen. Dass eine Frau lehrt, erlaube ich nicht, auch nicht, dass sie über ihren Mann herrscht; sie soll sich still verhalten. Denn zuerst wurde Adam erschaffen, danach Eva. Und nicht Adam wurde verführt, sondern die Frau ließ sich verführen und übertrat das Gebot. Sie wird aber dadurch gerettet werden, dass sie Kinder zur Welt bringt". Die Frau als Einfallstor des Teufels und der Sünde. Im Schatten und in der Auswirkung dieser Ideologien wurden dann über Jahrhunderte Frauen desavouiert und ausgenutzt. Herausragende Gestalten der Geschichte des Christentums wie Origenes, Augustinus, Albert der Große und Thomas von Aquin haben ein herabsetzendes Frauenbild zur gängigen Ideologie werden lassen. Im Übergang zur Neuzeit brachte diese Grundstimmung dann sogar den Hexenwahn mit seinen furchtbaren Konsequenzen hervor. Natürlich distanziert die Kirche sich heute von allen verbrecherischen

Exzessen. Geblieben aber ist eine verspannte und verkehrte Atmosphäre, in der Frauen nicht nur auf Abstand, sondern auch in Abhängigkeit und Unterordnung gehalten werden.

Warum lässt man Frauen nicht zum Empfang der Priesterweihe zu? Das damit verbundene Amt könnte man grundsätzlich von der numinosen Aufwertung durch eine auf die Aposteln zurückgehende Weihe befreien und sachlicher von seiner Funktionalität her betrachten. Eigentlich kann man sich nur darauf berufen, dass die zwölf Apostel Männer waren. Diese Auswahl der Zusammensetzung kann durchaus situationsbedingt gewesen sein. Sie entsprach jüdischen Gewohnheiten im religiösen und gesellschaftlichen Leben.
Es gibt jedenfalls keine Äußerung Jesu, dass es Männer sein mussten. Die Bindung einer besonderen Bevollmächtigung und Beauftragung an eine männliche Geschlechtszugehörigkeit lässt sich im geistigen Umfeld Jesu nicht ausmachen und erst recht nicht von daher beweisen. Auch heute lassen sich keinerlei Kriterien anführen, die Frauen die Eignung und Befähigung zur sachgemäßen Gestaltung und Ausfüllung dieses Amtes absprechen können. Umgekehrt würde dieses wichtige Leitungsamt mit Sicherheit an Glaubwürdigkeit und Anziehungskraft gewinnen, wenn in seiner Ausübung weibliche Lebensqualitäten erkennbar und erfahrbar würden. Insgesamt würde die damit erreichte weitgehende Gleichberechtigung von Mann und Frau in der Kirche weite Bereiche von Unausgewogenheit und Misstrauen entspannen und beruhigen. Die Kirche würde den Eindruck verlieren, eine einklassige Männergesellschaft zu sein, und so mit Sicherheit größere Akzeptanz gewinnen.

Bezüglich ihrer Einstellung zu Frauen sollte die Kirche – wie immer – den Blick auf die Gestalt ihres Gründers richten. Jesus hat Frauen des Öfteren unter seinen besonderen Schutz gegenüber Männern genommen. Im Lukasevangelium 7,36-50 bekundet er größere Nähe zu einer öffentlich diffamierten Frau als zum etablierten Kreis der Pharisäer. Im Johannesevangelium 8,1-11 rettet er eine Ehebrecherin vor der Steinigung. In seiner Verkündigung kommen Frauen als völlig gleichberechtigte Adressaten vor. Wie das Lukasevangelium 8,1-3 berichtet, war er nicht nur von einem Kreis von Männern, den späteren Aposteln, sondern auch von einer Gruppe von Frauen permanent umgeben. Letztere sind ihm auf dem letzten Weg zur Kreuzigung näher geblieben als die Apostel, die frühzeitig die Flucht ergriffen haben. Wie im Johannesevangelium berichtet wird, ist es ausgerechnet eine Frau, Maria von Magdala, der die erste Begegnung mit dem auferstandenen Jesus zuteil wird. Sie ist die erste, die mit der Botschaft von der Auferstehung zu den Jüngern gesandt wird. Mit Recht bezeichnet man sie als *apostola apostolorum* (die Sendbotin der Sendboten). Darin liegt eine ungeheure Aufwertung ihrer Person und Bedeutung. Der erste legitimierte Zeuge der Auferstehung ist eine Frau und das, obwohl im Judentum Frauen nur bedingt als Zeugen zugelassen waren. Der Apostel Paulus hat sie später in einer systematischen Aufzählung aller Zeugen der Auferstehung schlichtweg gestrichen – einer der Schritte auf dem Weg in eine von Männern dominierte Christenheit.

6.5 Ein verquertes Verhältnis zur Sexualität

Nicht Jesus, sondern der apostolischen Verkündigung folgend, hat die christliche Kirche persönliche und gesellschaftliche Lebensformen entwickelt, in denen Sexualität als besondere Gefahr und Versuchung wahrgenommen wird und dadurch auch unter besonderer Beobachtung steht. Schon beim Apostel Paulus wird sichtbar, dass er dem Ideal der Jungfräulichkeit deutlichen Vorrang einräumt. Seiner Meinung nach soll man nur heiraten, wenn man seine Triebe nicht mehr unter Kontrolle hat. Auch in der Ehe soll man möglichst enthaltsam leben.

In der Folge hat die christliche Tradition merkwürdige Vorstellungen entwickelt. Laut allgemeinem Bekenntnis ist die größte Heilige des Christentums, die Gottesmutter Maria, Jungfrau *vor, in und nach* der Geburt ihres Sohnes Jesus. Sie verkörpert ideales Leben. Schließlich ist sie auch durch einen wunderbaren Akt Gottes von der Erbschuld freigehalten worden. Nicht zufällig dient der Heilige Josef, einer der im Volksglauben höchstverehrten Heiligen, dem Ideal der »Heiligen Familie« durch eine *»Josephsehe«,* eheliche Gemeinschaft ohne sexuellen Kontakt. Die Heilige Familie wird im Kirchenjahr durch ein besonderes Fest geehrt und gefeiert. Man darf sich aber nicht wundern, wenn man auf große Schwierigkeiten stößt, sollte man versuchen, den Bezug der Heiligen Familie zu den Idealen und Vollzügen alltäglichen Familienlebens aufzuzeigen und verständlich zu machen.

Natürlich muss der Führungsstab der römisch-katholischen Kirche ehelos/zölibatär leben. Als Grund dafür werden immer wieder die Worte des Apostels Paulus angeführt: „Der Unverheiratete sorgt sich um die Sache des Herrn; er will dem Herrn gefallen; der Verheiratete sorgt sich um die

Dinge der Welt; er will seiner Frau gefallen. So ist er geteilt" (1Kor 7,32f). Die Kirchengeschichte hat allerdings nachdrücklich gezeigt, dass diese einseitige Zuordnung von Ehelosigkeit zu größerer Hingabe an Gott und zu größerer Dienstbereitschaft für die Gläubigen nicht immer gegeben war. Im Schatten des Zölibats entwickelten sich klerikale Machtstrukturen, die vorrangig der Erhaltung und Ausübung von Macht und Unabhängigkeit verpflichtet waren. Der zölibatäre Klerikerstand prägte und prägt ein von Männerverstand und männlichem Lebensgefühl dirigiertes Glaubensbild. Er wurde und wird längst nicht überall als geistige und menschliche Elite wahrgenommen – vor allem, wenn er sich in seiner höchsten Repräsentanz im Bischofs- und Kardinalskollegium in Rom präsentiert.

Etwa beim lebensgefährlichen Widerstand gegen das Terrorregime des Nationalsozialismus waren unter anderen *auch* zölibatäre Priester beteiligt, aber es gab keine geschlossene Phalanx eines zölibatären Berufsstandes. Im Widerstand gegen das Naziregime waren es viele verheiratete Männer und Frauen, denen familiäre Bindungen den entscheidenden Antrieb gaben, sich trotz der großen Gefahren bis zum Einsatz des eigenen Lebens für die Menschenrechte einzusetzen. Eheliches und familiäres Zusammenleben haben mindestens so viele Einsichten und Impulse freigesetzt, wie eine spezielle religiöse Bindung an Gott. Die Verheirateten waren nicht *geteilt,* sondern vielleicht ganzmenschlicher eingebunden.
Umgekehrt hat sich zölibatäres Leben auch als besondere Belastung und sogar Gefährdung herausgestellt. Gott als herausgehobener, in gewisser Weise einziger Lebenspartner reicht möglicherweise zur erfüllenden Gestaltung des Lebens nicht aus. Manches spricht dafür, dass der

ganze Mensch doch erst in der Einheit von Mann und Frau gegeben ist. Wahrgenommen wird der zölibatäre Priesterstand vom Pastor in der Gemeinde, über den Bischof und die Bischofskonferenz bis hin zur Versammlung der Kardinäle im Vatikan als eine Ansammlung mehr oder weniger alter Männer, die das Leben einer durchwachsen lebendigen Gesellschaft überwachen und für viele Menschen absonderlich, befremdlich oder auch abstoßend wirken.

Bezeichnend ist, dass der Berufsstand des zölibatären Priesters gegenwärtig kaum noch von jungen Männern gewählt wird. Gleichzeitig verstummt die Forderung nicht, das Amt eines Priesters vom Pflichtzölibat zu befreien. Wenn die Kirche daran festhält, folgt sie weder einem Auftrag Jesu, noch zeigt sie ernsthaften Willen für Reformen. Vielleicht wird ihr das Problem auch dadurch aus der Hand genommen, dass der zölibatäre Priesterstand so zusammenschrumpft, dass er »von außen« aufgefüllt werden muss. Es liegt auf der Hand, dass die Freigabe klerikaler Ämter von der Verpflichtung zur Ehelosigkeit ein wesentlich ausgewogeneres Zusammenleben in der Kirche voranbringen würde.

6.6 Der Skandal des Missbrauchs sexueller Gewalt

In das Umfeld allgemeiner Ablehnung der sexuellen Bevormundung platzt in jüngster Zeit der ungeheuerliche Missbrauch sexueller Gewalt durch Priester.[75] Zigtausendfache verbrecherische Vergehen gegen die Menschenwürde von Kindern und Jugendlichen. Geweihte Priester im verehrten Stand der Ehelosigkeit vergehen sich an ihren wehrlosen Opfern. Die Kirche betrachtete die schrecklichen Vorkommnisse zunächst vorwiegend unter dem Gesichtspunkt sexueller Vergehen. Der verbrecherische Verstoß gegen die Menschenwürde wird nur langsam bewusst. Primär versuchte man, Ansehen und Würde des Priesterstandes zu retten. Demgegenüber trat die Pflicht zur Fürsorge für die Betroffenen sträflich zurück. Die Opfer müssen teilweise demütigende Prozeduren über sich ergehen lassen, wenn ihnen Gerechtigkeit widerfahren soll.

Dennoch wagen es Kinder und Jugendliche, eine über Jahrhunderte vom Nimbus besonderer göttlicher Berufung und kirchlicher Weihe verklärte Institution anzuklagen. Zwei überaus verehrte Päpste, viele Bischöfe und einflussreiche Kleriker haben über Jahre versucht, diese Verbrechen zu vertuschen. Dabei bedeutete die Vertuschung Einwilligung in weitergehenden Missbrauch. In Afrika duldete und inszenierte man sogar, dass junge Frauen in Schwesternklöstern von schwarzen Priestern sexuell genötigt und missbraucht wurden, weil man voraussetzte, dass sie vom Aidsvirus nicht infiziert waren. Nicht nur wurde auf verschiedenen Ebenen bis hinein in den Vatikan die Aufklärung verzögert oder gar behindert; von Entschädigung wollte man nichts wissen. Unnennbares Leid

---

[75] Vgl. Doris Reisinger und Christoph Röhl, Nur die Wahrheit rettet. Der Missbrauch in der katholischen Kirche und das System Ratzinger, München 2021.

durch Priester, die mit ihrer Berufswahl einen Sonderweg sexueller Enthaltsamkeit und damit gegebener sexueller Herausforderung gewählt haben. Irrtümlich bewundert wegen vermeintlicher Enthaltsamkeit, dann aber Opfer ihrer eigenen Ideale oder versteckten Schwächen. Die Glaubwürdigkeit der Kirche wurde und wird so sehr infrage gestellt, dass eine wahre Welle von Kirchenaustritten die Folge war und ist.

Und das alles, während die römische Kirche in Deutschland besonders rigoros gegen alle Bemühungen vorging, die schwerwiegenden Probleme im Umfeld von Schwangerschaftsabbruch möglichst einvernehmlich mit den betroffenen Frauen zu regeln. Das Verbot stand so eisern da, dass selbst Beratungsgespräche mit offenem Ausgang der Entscheidung verboten waren.[76] Eine Kirche, die selber wegen schwerster Vergehen am Pranger steht und sich gleichzeitig als unanfechtbare Sachwalterin überzogener moralische Prinzipien darstellt.

Eine direkte Verbindung von Zölibat und sexuellem Missbrauch ist nicht erwiesen und wird auch heftig bestritten. Aber die ungeheuerlichen Vorgänge ereigneten sich im Bereich einer Religionsgemeinschaft, die auf verschiedenen Ebenen ein gestörtes Verhältnis zur Sexualität erkennen lässt. Sie leugnet beharrlich diese Defizite und propagiert ihren zölibatären Sonderweg als Weg besonderer geistig-geistlicher Berufung. Auch innerhalb der Kirche ist dieser Sonderweg mittlerweile umstritten. Entschieden wird aber von einer klerikalen Hierarchie.

Das hängt damit zusammen, dass die Kirche immer noch glaubt, naturgegebene Veranlagungen und Lebensregeln mit Hilfe vermeintlicher

---

[76] Vgl. den Konflikt zwischen dem Bischof von Limburg, Franz Kamphaus, und Papst Johannes Paul II. im Jahr 2002.

übernatürlicher Kräfte dirigieren zu können. Eine Kirche, die angesichts eines erdrückenden Schuldberges und in Ablehnung notwendiger Reformen meint, unbeweglich und starr ihren veralteten, sexualfeindlichen Traditionen folgen zu können, muss sich nicht wundern, wenn die Menschen an ihr verzweifelten und abwandern.
Aber es sind ja noch so viele Mitglieder übrig. Da hat man Zeit! oder?

7. Rettung durch Erlösung?

Angesichts des vielfältigen und schweren Versagens von Menschen könnte man verzweifeln. Oder kann man es auch wagen, mit dem Apostel Paulus zu sagen: „Wo jedoch die Sünde mächtig wurde, da ist die Gnade übergroß geworden. Denn wie die Sünde herrschte und zum Tode führte, soll auch die Gnade herrschen und durch Gerechtigkeit zu ewigem Leben führen, durch Jesus Christus, unseren Herrn“ (Röm 5,20f)?

Wie der Apostel in den Versen des Briefes vorher dargelegt hat, ist der Mensch durch die Sünde des ersten Menschen, die allen schicksalhaft angerechnet wird, unfähig, sein Heil aus eigener Kraft zu erwirken. Dahinter mag eine so große Angst vor dem eigenen Unvermögen stecken, dass man die Verantwortung ganz aus der Hand gibt. Angesichts der gefürchteten eigenen Abgründigkeit kann nur das Vertrauen auf Hilfe von außen, auf die Gnade Gottes, retten. Der Ungehorsam des ersten, einen Menschen wird zu einer unauslöschlichen, erdrückenden Urschuld stilisiert, so dass nur der Glaube an Gottes unergründliche Liebe und Gnade vor der Verzweiflung retten kann. Denn, was Gott den Menschen kollektiv zugesagt hat, darf der einzelne auch für sich in Anspruch nehmen. „Ohne es verdient zu haben, werden wir gerecht, dank seiner Gnade, durch die Erlösung in Christus Jesus“ (Röm 3,24). „Da wir mit Gott versöhnt wurden durch den Tod seines Sohnes, als wir noch (Gottes) Feinde waren, werden wir erst recht, nachdem wir versöhnt sind, gerettet werden durch sein Leben“ (Röm 5,10).

Nicht in Auswertung und Fortführung der Botschaft Jesu, sondern im Rückgriff auf jüdische Traditionen, wird die Vorstellung von einem rettenden Sühneopfer maßgebend, das Jesus durch seine Hingabe in den Tod dargebracht hat. Dieser Gedanke ist eine neue, freie Konzeption des Apostels Paulus und der ihn begleitenden apostolischen Lehrbriefe. Im Hintergrund können im Buch Levitikus 16,7ff genannte rituelle Vollzüge der Übertragung von Schuld auf einen Sündenbock[77] stehen, der dann in die Wüste gejagt und vernichtet wird.

Den jüdischen Hintergrund veranschaulicht ein Blick auf den Hebräerbrief, der mit zahlreichen anderen Aussagen der apostolischen Briefe unvermittelt eine überraschend neue Ebene und Dimension der Interpretation von Tod und Auferstehung Jesu eröffnet. Konkret führt er aus: „Christus aber ist gekommen als Hoherpriester der künftigen Güter ... Er ist ein für alle Mal in das Heiligtum hineingegangen nicht mit dem Blut von Böcken und jungen Stieren, sondern mit seinem eigenen Blut, und so hat er eine ewige Erlösung bewirkt... So wurde Christus ein einziges Mal geopfert, um die Sünden vieler hinwegzunehmen" (9,11ff. 28). Ähnlich drücken es zahlreiche Aussagen in den apostolischen Briefen aus. Wie der Epheserbrief (2,1ff) sagt, waren wir „infolge unserer Verfehlungen und Sünden tot", von Geburt aus „Kinder des Zorns". Jetzt aber sind wir durch Jesus Christus, „nämlich durch sein Blut", in die Nähe gekommen. Der Apostel Paulus sagt im Brief an die Römer (3,25): Gott hat Jesus dazu bestimmt, „Sühne zu leisten mit seinem Blut, Sühne wirksam durch Glauben" (Röm 3,25). Der erste Johannesbrief verspricht: „Das Blut seines Sohnes Jesus reinigt uns von aller Sünde" (1Joh 1,7). Ge-

---

[77] Willigis Jäger, Die Welle ist das Meer, Freiburg 2002, S. 87, sagt dazu: „Die Rückbezüge der neutestamentlichen Autoren auf das Alte Testament verraten, dass sie [die ganze Blut– und Sühnemetaphorik] ihre Wurzeln in einem archaischen Ritus hat, bei dem ein Priester einem Bock – dem Sündenbock – die Verfehlungen des Gemeinwesens auferlegte, um ihn dann zu schlachten und das Volk mit dem »Sühne-Blut« zu besprengen. Dann wurde ein zweiter Bock mitsamt den Sünden in die Wüste gejagt, um die dort hausenden Geister zu besänftigen (Vergleiche Buch Levitikus)."

mäß der jüdischen Vorstellung von Reinigungsriten muss man mit „seinem [Jesu] Blut besprengt“ werden (1Petr 1,2). In der Offenbarung des Johannes (1,5 und 5,9) wird versprochen: „Er liebt uns und hat uns von unseren Sünden erlöst durch sein Blut.“ Hymnisch wird Christus mit der Anrede verherrlicht: „Würdig bist du, das Buch zu nehmen und seine Siegel zu öffnen; denn du wurdest geschlachtet und hast mit deinem Blut Menschen für Gott erworben aus allen Stämmen und Sprachen…“

In den Aussagen wird dem »Blut Jesu« eine nahezu metaphysische Reinigungs- und Verwandlungskraft zugesprochen. Es versetzt aus der gottfernen Welt des Bösen in eine neue, von Gottes Liebe erfüllte Wirklichkeit. Aus einem mit Fluch beladenen Sünder wird ein Kind Gottes. So mahnt der Brief an die Epheser (4,24): „Zieht den neuen Menschen an, der nach dem Bild Gottes geschaffen ist in wahrer Gerechtigkeit und Heiligkeit.“ Der Apostel Paulus versichert im zweiten Brief an Korinther (5,17): „Wenn also jemand in Christus ist, dann ist er eine neue Schöpfung.“

Unverhofft tauchen ähnliche an »Blut«, »neuem Bund« und Erlösung orientierte Gedanken des Apostels sogar in Worten auf, die er dem irdischen Jesus in den Mund legt. Im ersten Brief an die Korinther 11,23-25 schreibt er: „Denn ich habe vom Herrn empfangen, was ich euch dann überliefert habe: Jesus, der Herr, nahm in der Nacht, in der er ausgeliefert wurde, Brot, sprach das Dankgebet, brach das Brot und sagte: das ist mein Leib für euch. Tut dies zu meinem Gedächtnis! Ebenso nahm er nach dem Mahl den Kelch und sprach: dieser Kelch ist der Neue Bund in meinem Blut. Tut dies, sooft ihr daraus trinkt, zu meinem Gedächtnis!“

Die Feier der Eucharistie ist für den Apostel die Vergegenwärtigung des erlösenden und Heil spendenden Blutopfers Jesu.

Allerdings entstammt die Formulierung dieser Worte einer persönlichen Offenbarung des auferstandenen Jesus Christus. Der irdische Jesus hat sie ihn nicht gelehrt und er selber beruft sich auch nicht auf Augenzeugen des damaligen Geschehens.
Die Abendmahlsworte des Apostels sind früh in den apostolischen Gemeinden bekannt geworden. In der Gemeinde in Korinth gibt es schon die regelmäßige Versammlung zu eucharistischen Mahlgemeinschaften. Der Apostel zitiert die feierlichen Einsetzungsworte, um anschließend bestehende Missstände anzumahnen und zu korrigieren.

Erst später tauchen ähnliche und teilweise wörtlich gleiche Formulierungen in den drei synoptischen Evangelien auf. In der Schilderung des letzten Abendmahls wirkt dabei Jesu Sprechen von einem »Blut des Bundes« (Mt 26,28) oder von einem »neuen Bund in meinem Blut« (Lk 22,20) zumindest überraschend und hat keinen Rückhalt in seiner Gedankenwelt.
Die Zukunft sah Jesus in der Ankunft des »Reiches Gottes«, nicht in einem »neuen Bund«. Seinen Tod hat er vorher nirgends in die Nähe eines sühnenden Blutopfers gebracht. Die Sprechweise entspricht eher dem Stil feierlicher Kultformeln als dem Stil erzählter Erinnerungen. Sie ähnelt auffallend den Formulierungen des in der frühen Kirche hochgeschätzten Apostels. Von der zeitlichen Abfolge her können die synoptischen Evangelisten die Aussage des Paulus gekannt und übernommen haben. Eine umgekehrte Abhängigkeit ist unmöglich und wird von Paulus selber ausgeschlossen. Die fraglichen Worte Jesu lassen sich gut als späterer Einschub und Nachtrag durch die Evangelisten verstehen und wahrscheinlich machen. Ihre Entstehung verdanken sie nicht der Erinnerung an Jesu Worte beim Abschiedsmahl vor seinem Leiden. In ihnen

spiegelt sich die weiterreichende Wirkmacht der visionären Erfahrung des Apostels.

Der Historiker Johannes Fried führt dazu aus: „Eigentümlich behandelte Paulus das Gedächtnismahl mit Leib und Blut des Herrn... Das Mahl zelebrierte mit Brot und Wein, Leib und Blut, die mystische Gegenwart dessen, der sich zuvor Paulus in innerstem Anstoß offenbart hatte. Die Evangelisten verstärkten später – in Ausdeutung des Apostelwortes? – in ihrer Mahlfeier das Moment der Gegenwärtigkeit des Herrn und spiritualisierten sie zugleich. Ob die Jünger in Jerusalem oder in Galiläa ursprünglich das Mahl ebenso »dinglich« und »leiblich« gefeiert haben? Die *Didache*, die Lehre der zwölf Apostel, kannte nur das Brotbrechen, keinen Leib und kein Blut. Markions Evangelium benutzte den Kelch ohne Blut und ließ dem gemeinschaftlichen Weintrinken der Jünger (Mcn 22, 17) das Brotbrechen folgen: *dies ist mein Leib* (Mcn 22,19). Es scheint, als folgten die Evangelisten mit ihren Abendmahlszenen immer entschiedener den Vorgaben des Paulus. Verbreitete der gottbegnadete Apostel demnach nicht nur die Botschaft vom Gottessohn, sondern trat zugleich als Erfinder des Abendmahls in beiderlei Gestalt hervor, mit *Leib* und *Blut*? Denn der historische Jesus kann es ihn nicht gelehrt haben, auf einen der Jünger berief er sich auch nicht. Paulus allein verkündete das ihm eingegebene Ritual, das mit der Zeit von der gesamten Kirche übernommen wurde."[78]

In der Feier der Eucharistie begegnen die Gläubigen wahrscheinlich nicht originären Worten Jesu, sondern der kultstiftenden Vorgabe des Apostels Paulus. Wie sehr hat man diese Worte schon im Sinne meta-

[78] Jesus oder Paulus. Der Ursprung des Christentums im Konflikt, München 2021, S. 94f.

physischer Wunderkraft ausgelegt und instrumentalisiert? Vergegenwärtigung der Erlösung und Heil schenkenden Gegenwart Jesu Christi kann die Feier der Eucharistie nicht sein. Wenn sie aber als Gedächtnisfeier Leben und Botschaft Jesu als Vermächtnis versteht und verinnerlicht, kann sie lebendige und wahrhaftige Feier des Glaubens sein.

Gemäß dem vorgegebenen Glaubensverständnis wird dem einzelnen Menschen die Erlösung schenkende Kraft von Jesu Sühneopfer im Sakrament der Taufe vermittelt. Hier wird dem Täufling die von Gott trennende Last der Schuld abgewaschen. Er wird aus der Macht des Teufels befreit und damit ein vollwertiger Mensch.

Im Laufe des Lebens muss die erste Befreiung und Erlösung im Sakrament der Beichte erneuert und immer wieder auf den Stand der Gegenwart gebracht werden ... Ohne diese Lossprechung und Befreiung droht ewige Verdammnis. Insofern öffnet der Glaube an die Erlösung nur die grundsätzliche Möglichkeit, Heil zu erlangen. Zwar nimmt das »Lamm Gottes« alle Schuld der Welt auf sich. Diese Zusage verbleibt aber in einer abstrakten Ferne und überlässt den Menschen in seiner Suche nach Versöhnung und Heil eigenen schwierigen Versuchen, ein Ziel zu erreichen. Die Vorstellung, dass ich erlöst bin, hinterlässt keinerlei Spuren praktisch empfundener Befreiung und Zuversicht.

Bei näherem Betrachten drängen sich eine Reihe kritischer Fragen auf; es überwiegen schließlich die negativen Gesichtspunkte. Nach Thesen geordnet, lässt sich folgendes sagen:

Die Lehre von der Erlösung lässt sich nicht aus der Botschaft Jesu ableiten und begründen. Wie schon verschiedentlich dargelegt wurde, kennt Jesus so etwas wie eine Erbschuld nicht. Daher bedarf es keiner Erlösung.

Zudem ist diese Vorstellung und Lehre auch naturwissenschaftlich und allgemein rational nicht zu belegen. Von daher ist der Glaube an eine Erlösung als Befreiung von einer Erbschuld unangebracht und überflüssig. Er ist weder biblisch noch rational einsichtig zu machen.

Die Lehre von der Erbschuld und Erlösung sieht die Natur des Menschen so negativ, dass sie dem spontanen Selbstbewusstsein widerspricht und Ablehnung hervorruft. Gemäß natürlichem Empfinden hat jeder Mensch von Natur aus die gleiche geistig-seelische Qualität. Die ist Anfangskapital, das jedem mitgegeben ist und persönlich verantwortet werden muss.

Die Aussage, dass eine konkrete Person alle Schuld der Welt auf sich laden und tilgen kann, ist nicht nachvollziehbar. Der Ruf, „Seht das Lamm Gottes, es nimmt hinweg alle Schuld der Welt", der kann bei nüchterner, rationaler Betrachtung nur Ratlosigkeit auslösen. Er suggeriert ein Gefühl kollektiver Rettung und Geborgenheit, das rational und auch emotional nicht bestätigt werden kann. Die Proklamation ertönt im Rahmen traditioneller Gläubigkeit wie eine feierliche Selbstverständlichkeit. Dabei sollte nicht übersehen werden, dass sie auch nach innen verunsichern und Irritation auslösen kann.

Die Lehre bringt jeden Menschen in überflüssige und unzumutbare Abhängigkeit von christlicher Vermittlung. Die behauptete überfließende Gnade Gottes betrifft nicht jeden Menschen unmittelbar und unabhängig. Gottes Gnade wird in den Sakramenten der Taufe und der Buße vermittelt und bleibt damit unter kirchlicher Kontrolle. Nur wer glaubt und den Vorgaben christlicher Lehren entspricht, kann das Sakrament empfangen und gerettet werden. Die Taufe als Nadelöhr beim Zugang zum Heil hat schon oft überflüssige und falsche Ängste ausgelöst. Angesichts aufgeklärter, moderner Lebensbilder wirkt eine solche Vorgabe auf keinen Fall anziehend und eröffnet keine Zukunft.

Die Rede vom „Neuen Bund in meinem Blut" in den Abendmahlsworten des Apostels Paulus (1Kor 11,22) entstammt mystischer Ergriffenheit des Apostels und geht nicht auf Worte Jesu zurück, der die Ankunft des Reiches Gottes erwartete und nicht die Gründung eines „neuen Bundes" im Sinn hatte. Auch hier führt der Eintrag vom erlösenden Blut Jesu Christi nicht weiter.

Der Theologe Willigis Jäger urteilt[79]: „Entscheidend jedenfalls ist, dass dem Christentum mit der Erlösungstheologie, die gar nicht von Jesus kommt, sondern eher von Paulus eingebracht wurde, eine gewaltige Hypothek aufgebürdet wurde. Denn heute ist es kaum mehr möglich, einem aufgeklärten Menschen klarzumachen, dass vor 2000 Jahren ein Mensch am Kreuz gestorben ist, um unsere Schuld zu sühnen. Zudem war durch die mit der Erlösung verbundene Vorstellung einer allgemeinen, radikalen Schuldverfallenheit der Welt eine derartige Geringschätzung des Irdischen verbunden, dass das Christentum sich in der Folgezeit durch eine massive Welt- und Leibfeindlichkeit auszeichnete, sowohl der Erde, wie der Natur, der Frau, des Körpers, der Sexualität und der Sinne."

[79] Die Welle ist das Meer. AaO., S.18.

8. Jesus von Nazareth – Menschensohn, nicht Christus

Worin kann eine Zukunft des Christentums liegen? In jedem Fall gibt es im Kern der Religion wahre und unauslöschliche Lebensimpulse, die auch unabhängig von den Einbindungen in die verkrusteten, kaum mehr erneuerungsfähigen Strukturen des traditionellen Christentums weiterleben werden. Jedenfalls haben die Person und die Botschaft Jesu schon einmal die Kraft gehabt, Scharen von Menschen zu bewegen und zu begeistern.

Historisch ist die Botschaft Jesu nur halbherzig und teilweise verfremdet umgesetzt worden, weil die Jünger Jesu und die ersten Anhänger Juden waren, die das umwerfend Neue der Lehre, die Katastrophe des Kreuzes und das rätselhafte neue Aufleben der Sache Jesu instinktiv in ihren angeborenen Glauben hineingezogen haben. Den radikalen Bruch, den Jesus in den alten Glauben gebracht hat, haben sie in der notwendigen Schärfe und Klarheit nicht gesehen und nicht in ein neues Denken und Glauben eingebracht. Folgenschwerer war, dass der jüdische Pharisäer Saulus von Tarsus, der zu Jesus keine persönliche oder auch nähere Beziehung hatte, die ihm zugänglichen Kenntnisse aufnahm und in folgenschwerer Weise umformte. Wie das im einzelnen geschah, ist unklar. Hinter dem erzählten Ereignis einer wunderbaren Begegnung mit dem auferstandenen Christus stehen wahrscheinlich dramatische, geistig-seelische Auseinandersetzungen.

Paulus hat die Gestalt Jesu als revolutionär befreiend erfahren; sie aber in den Prozess einer eigenen geistigen Neufindung eingeschmolzen und darin umgestaltet. Von Anfang an haben ihn Leben und Botschaft Jesu nicht interessiert. Er wollte Jesus nur als den Gekreuzigten und Auferstandenen kennen und verkünden. Kreuz und Auferstehung sind in den

Rang einer eigenen, vom historischen Geschehen losgelösten Deutungshoheit erhoben worden. Aus diesen Deutungen und Umgestaltungen hat er die von Jesus inspirierte geistig-religiöse Bewegung auf den Weg zur christlichen Weltkirche gebracht. Auf diese Weise wurde aus dem verkündigenden Jesus von Nazareth der verkündigte Jesus Christus.

Auch wenn es der Apostel Paulus und seine religiöse Umwelt waren, die der religiösen Bewegung Strukturen und eine leider falsche Wegrichtung verliehen haben, so war es letztlich die Person Jesu, die nicht nur erste Jünger an sich gezogen hat, sondern auch die geistige Mitte in der sich herausbildenden Religion war und geblieben ist. Schon früh gab es in der apostolischen Kirche Bewegungen, die die Diskrepanz zwischen dem jesuanischen Ursprung und der frühkirchlichen Entwicklung spürten, sich dagegen wehrten und nach Reformen suchten. So waren es schon im zweiten und dritten Jahrhundert die Anhänger des Marcion und gnostische Strömungen, die sich gegen den Gott des Alten Testamentes und die Aufnahme seiner Bibel in den christlichen Schriftenkanon wehrten. All das wurde als Häresie bekämpft und abgetan.

Im fünften Jahrhundert war es zum Beispiel der Bischof Julian von Aeclanum der dem Heiligen Augustinus mit seiner radikalen Lehre von Erbsünde und Gnade widersprach und eigene Streitschriften verfasste. In seinen Stellungnahmen tauchen die gleichen Argumente auf, die auch heute genannt werden. Entschieden wurde der Konflikt, weil es Augustinus gelang, seinen Widersacher mit 18 weiteren Bischöfen durch den römischen Kaiser Honorius als Ketzer verurteilen zu lassen und ins politische Exil zu schicken. Gerüchte, der Kaiser sei massiv bestochen worden, machten die Runde. Dies war nicht der einzige Fall, wo nicht die besseren Argumente, sondern politische Gewaltanwendung den Ausgang einer Kontroverse entschieden hat.[80]

Im Mittelalter waren es die sogenannte Armutsbewegungen, die zurück zu den einfachen Anfängen wollten und sich dabei auf die Person Jesu beriefen. Auch hier sind die ideellen Ansprüche von der Papst- und Bischofskirche als Ketzerei abgetan worden. Die Bewegungen selber wurden Opfer von blutigen Exzessen, wie dem christlichen Kreuzzug gegen die Albigenser. Später, wenn immer einzelne herausragende Gestalten zu Reformen aufgerufen haben, geschah das mit Berufung auf die Person Jesu. Auch wenn Jesus dabei das Opfer neuer persönlicher Fehldeutungen werden konnte. Von ihm gingen immer wieder Einsichten und Impulse aus, die etwas von der Wahrheit und der Dynamik des Anfangs ahnten und dem zu neuem Leben verhelfen wollten. Auch heute ist er es, in dessen Namen innerhalb der christlichen Kirchen und im Widerstand gegen sie, zu Umdenken und Erneuerung aufgerufen wird. Eine erneuerungsfähige Wiedergeburt des Christentums kann in einer Wiederentdeckung der Kräfte und Impulse des Anfangs liegen, die dann aber auch ernst genommen und realisiert werden müssen.

Der Philosoph Alfred Whitehead umschreibt die anstehende mögliche Entscheidung mit folgenden Worten: „Drei Denkrichtungen lassen sich entsprechend mit den göttlichen Kaisern, den hebräischen Propheten und mit Aristoteles assoziieren. ... Es gibt jedoch im galiläischen Ursprung des Christentums noch eine andere Anregung, die zu keinem der drei Hauptstränge des Denkens so richtig passt. Sie legt das Schwerge-

---

[80] Vgl. Kurt Flasch, Augustinus von Hippo gegen Julian von Aeclanum, in: Kampfplätze der Philosophie. Große Kontroversen von Augustin bis Voltaire, Frankfurt am Main 2008, S. 11-22.

wicht weder auf den herrschenden Kaiser, noch auf den erbarmungslosen Moralisten oder den unbewegten Beweger. Sie hält fest an den zarten Elementen der Welt, die langsam und in aller Stille durch Liebe wirken; und sie findet ihren Zweck in der gegenwärtigen Unmittelbarkeit eines Reichs, das nicht von dieser Welt ist. Liebe herrscht weder, noch ist sie unbewegt; auch ist sie ein wenig nachlässig gegenüber der Moral. Sie blickt nicht in die Zukunft; denn sie findet ihre eigene Belohnung in der unmittelbaren Gegenwart."[81]

Für die Gegenwart kann nur gelten, den Kern der Botschaft Jesu möglichst unverfälscht aufzunehmen und zur Richtschnur des eigenen Glaubens zu machen. So schwierig es auch sein mag, es gibt in der wissenschaftlichen Bibelforschung durchaus glaubhafte Ansätze für einen sachgerechten Zugang zu authentischen Zeugnissen des Lebens und der Botschaft Jesu. Eine direkte Rekonstruktion ist natürlich unmöglich. Aber wenn man seine Gleichnisse vom Reich Gottes, die Bergpredigt und verschiedene in den Evangelien überlieferte Szenen herausgreift,[82] die *erkennbar jüdischen Vorstellungen nicht entsprechen und auch nicht im Dienste frühkirchlicher Interessen* formuliert sind, kommt man seiner authentischen Botschaft durchaus nahe.

---

[81] Prozess und Realität, aaO. S. 611-613.

[82] Vgl. Jesu Begegnung mit dem Zöllner Zachäus in Lukas 19,1-16 und das Gleichnis vom barmherzigen Vater in Lukas 15,11-32.

8.1 Weisheitliche Traditionen in Jesusworten der synoptischen Evangelien

In Bereichen, in denen man Jesu authentischer Verkündigung besonders nahe kommt, begegnet man einer anderen Welt einfacher Naturnähe und aufmerksamer Wahrnehmung des alltäglichen Lebens. Nicht zufällig ist Jesu Wirken der Region und der Landschaft Galiläa zuzuordnen. Jesus war höchstens dreimal in Jerusalem, was für ihn Feindschaft und Tod bedeutete, während Galiläa seine Lebenswelt und der Nährboden seiner Botschaft war. Denn Galiläa steht im damaligen Zeitverständnis für ein bestimmtes geistiges Klima, für eine religiöse Atmosphäre, die insgesamt eher heidnisch–hellenistischem und jüdisch-heterodoxem „Habitus“ entspricht. Galiläa war erst spät und teilweise mit Gewalt dem jüdischen Staat einverleibt worden. So galten die Galiläer – von ihrer Herkunft her ein Gemisch unterschiedlicher Völker – in Fragen des Glaubens als ungebildet und unzuverlässig. Den orthodoxen Widerpart bildete das rabbinische Jerusalem, dem geistig auch der Apostel Paulus zuzuordnen ist. Schon im Blick auf die Sprachwelt tritt der Unterschied zwischen Jesus und Paulus deutlich hervor. Jesu Sprache ist durchsetzt mit Bezügen auf die Natur seiner galileischen Umwelt. Paulus ist in vielen Ländern und Landstrichen unterwegs gewesen. Davon spiegelt sich in seinen Briefen nichts.

Schon von seinem Herkommen her entstammt Jesus nicht einer rabbinischen Welt, sondern er kommt aus der ethnisch und religiös offeneren Lebenswelt Galiläa. Das Matthäusevangelium nennt in Jesu Stammbaum mehrere nichtjüdische Frauen als Mütter und Vorfahren.[83] Allgemein ist Jesu Verkündigung der Sprach- und Gedankenwelt weisheitlicher Lebensdeutungen zuzuordnen, die die Menschheit immer als miteinander verbundene und aufeinander angewiesene Schicksalsgemeinschaft betrachtet haben.[84] Schon in den Lebenslehren des Alten Ägypten und der altorientalischen Religionen spielen sie eine herausragende Rolle.[85] Formal und inhaltlich geht es um Einsichten und Mahnungen, die aus unmittelbarer Beobachtung der Natur und in Reflexion praktischer Lebenserfahrung Glück und Heil des Menschen zur Sprache bringen. Sie sind frei von mythologischen Vorstellungen und verstehen sich nicht als direktes Gotteswort. Wenn sie von Gott sprechen oder sich auf ihn beziehen, ist es der Gott einer allgemeinen Lebenserfahrung und Lebensordnung – nicht der Gott einer besonderen Offenbarung oder mythologischen Zuordnung. Auch in polytheistischen Religionen ist dann einfach von »Gott« die Rede.

Für weisheitliches Denken ist ein unlösbares Ineinander von allgemeiner Welt- und Gotteserfahrung bezeichnend. Man will den Grundordnungen und Grundwahrheiten des Lebens aus der erfahrungsreichen Beobachtung der Natur und des menschlichen Alltags auf die Spur kommen. In ihrer Autorität stützen sich die weisheitlichen Lehrer auf Erfahrungen, die sich in vielen Generationen bewährt haben. Diese Erfahrungen bezeugt und repräsentiert die von Gott eingerichtete Weltordnung, die nicht als jenseitige, sondern lebensimmanente Wirklichkeit erfahren und gedeutet wird.

---

[83] Erst die apostolische Verkündigung macht ihn zum »Sohn Davids«, was ihm weder von seinem Herkommen noch von seiner Mentalität her entspricht.

[84] Vgl. Dieter Zeller, Die weisheitlichen Mahnsprüche bei den Synoptikern, Würzburg 1977. Dort zahlreiche Vorgaben für die Charakterisierung weisheitlichen Denkens und Sprechens.

[85] Vgl. Hellmut Brunner, Altägyptische Weisheit. Lehren für das Leben, Zürich / München 1988.

Weisheitliches Denken und Sprechen zeigt sich im Umfeld Jesu schon in der Erzählung von der Bußtaufe, die Johannes der Täufer in Vorbereitung auf das Kommen Jesu abhält. In überraschend abwehrender Weise hält Johannes der Menge bußwilliger jüdischer Gläubiger vor: „Fangt nicht an zu sagen: Wir haben ja Abraham zum Vater. Denn ich sage euch: Gott kann aus diesen Steinen Kinder Abrahams machen" (Lk 3,8). Die traditionellen Vorstellungen heilsgeschichtlicher Auserwählung werden abgewiesen, weil der mit dem Gericht drohende Gott außerhalb dieser Geschichte bleibt. Der kann aus Steinen Kinder Abrahams machen und lässt heilsgeschichtliche Auserwählung als sinnlos erscheinen. Kind Abrahams zu sein, beinhaltet keine besondere Qualifikation und ist bedeutungslos. Die ethische Wertung, die vor dem Gericht retten kann, wird an einsichtigen Lebenszusammenhängen verdeutlicht. „Bringt Früchte hervor, die eure Umkehr zeigen“ (Lk 3,8). Die erweist sich in der Befolgung allgemeingültiger Regeln menschlichen Zusammenlebens: Hilfsbereitschaft, Ehrlichkeit und Gewaltlosigkeit. So hält es jedenfalls der Bußprediger den Bußwilligen vor. Das Gericht erscheint nicht als Szenario traditioneller Vernichtungsstrategien, sondern als logisch nachvollziehbare Abfolge täglicher Erfahrungen. „Jeder Baum, der keine gute Frucht hervorbringt, wird umgehauen und ins Feuer geworfen" (LK 3,9). Die Qualität des eigenen Tuns bestimmt maßgeblich seine Folgen.

Den Kern und das Zentrum der Botschaft Jesu bilden seine Gleichnisse vom Reich Gottes. Da spielen weder die Verheißungen an Abraham, noch die des Buches Deuteronomium, noch sonst eine klassisch jüdische Heilsvorstellung eine Rolle. Damit hat das Reich Gottes nichts zu tun. Im Munde Jesu wird es im Zusammenhang mit natürlichen Wachstumsprozessen und mit Alltagserfahrungen des menschlichen Lebens verdeutlicht und nahegebracht. So ist es mit dem Reich Gottes, wie wenn ein Sämann sein Saatgut ausstreut, das dann unter schwierigen Umständen zu einer reichen Ernte heranwächst.[86] Zum Vergleich herangezogen wird auch ein Bauer, der seinen Samen aussät. Während er schläft, wächst die Saat aus innerer Kraft heran und wird reif zur Ernte. Schwierigkeiten bei der Ankunft von Gottes Reich werden verglichen mit Unkraut, das ein Feind einmischt und das naturgemäß bei der Ernte verbrannt wird. Auch die einfache, aber lebensnahe Tätigkeit einer Hausfrau beim Backen von Brot wird genannt. Die alles durchdringende Kraft von Sauerteig verdeutlicht die Dynamik des Reiches Gottes, das ähnlich wie ein winziges Senfkon zu ungeahnter Größe heranwächst.

Alle Vergleiche, die Jesus heranzieht, verbleiben im Rahmen alltäglicher Lebenserfahrungen. Das Reich Gottes ist keine Wirklichkeit, die ein Messias erstreitet oder die am Ende der Zeiten apokalyptisch einbrechen wird. Es muss nicht gegen die Angriffe fremder Völker und auch nicht gegen innere Unruhen und Widerstände verteidigt werden. Es verkörpert keine jenseitige Welt, sondern eine andere lebensnahe Wirklichkeit. Als idealer Entwurf menschlichen Zusammenlebens grenzt es nicht aus, sondern lädt ein, das Leben in alltäglicher Eigenverantwortung zu wagen. Es ist immer schon gegenwärtig, muss in seinen Anfängen entdeckt und gefördert werden. Im Lukasevangelium 17,20f heißt es: „Als Jesus von den Pharisäern gefragt wurde, wann das Reich Gottes komme, antwortete er: Das Reich Gottes kommt nicht so, dass man es an äußeren Zeichen erkennen könnte. Man kann auch nicht sagen: Seht, hier ist es! Oder dort ist es! Denn: Das Reich Gottes ist mitten unter euch.“ Jesus

86 Vergleiche Kapitel 4 im Markusevangelium und Kapitel 13 im Matthäusevangelium.

formuliert in den Bildreden vom Reich Gottes so etwas wie ein Gegenmodell zu der Lebenswelt, die ihm täglich begegnet und mit der er sich auseinandersetzt.
Gottes Fürsorge für die Menschen belegt Jesus mit Hinweisen auf den überfließenden Reichtum des Lebens in der Natur.[87] Da fällt der Blick auf die Vögel des Himmels, die nichteinmal säen und dennoch reichlich ernten. Die Lilien des Feldes sind prachtvoller gekleidet als Salomon, obwohl sie nicht arbeiten und spinnen (Lk 12,27; Mt 6,28). Jesus denkt und spricht hier außerhalb aller jüdisch-heilsgeschicht-lichen Traditionen und Vorstellungen. Aber diese Ansätze sind von der frühen Kirche nicht aufgenommen und weiterentwickelt worden. Reich Gottes hat es hier mit dem Leben von jedermann zu tun und kennt keine hierarchischen Strukturen.
Auch die Seligpreisungen der Bergpredigt sprechen jedem Menschen Heil und Seligkeit zu, der den Grundforderungen menschlicher Gesinnung und Ethik folgt. Die Anforderungen sprechen jeden Menschen unabhängig von seiner religiösen Umwelt und Bindung an. Eine derartige Zusage verweist auch darauf, dass die Möglichkeiten zum Heil in jedem Menschen naturhaft angelegt sind. Jesus legt den Akzent auf die Eigenverantwortlichkeit des Menschen, die geweckt und animiert werden soll.

Später wird seinen Worten durch die Lehre von der Erbsünde, und der durch die Sakramente vermittelten Gnade ihre ursprüngliche Strahlkraft und Bedeutung genommen. Im allgemeinen Glaubensbewusstsein setzt sich die Vorstellung durch: Das hat Jesus *auch* gesagt. In Geltung und entscheidend ist jetzt, was die Kirche lehrt und vorgibt. Die Worte Jesu

---

[87] Vergleiche Kaptitel 6,25-33 im Matthäusevangelium.

sind frommes Beiwerk zur religiösen Erbauung. Die spätere Entwicklung sieht die Menschen nicht mehr in unmittelbarer Beziehung zu Gott. Besonders Mutige mögen sich auf ihr Gewissen berufen. Das hat für viele schon sehr unangenehme Konsequenzen gehabt. Praktisch hat sich die apostolische Kirche mit ihren Normen und Dogmen zwischen Gott, Jesus und die Menschen geschoben und damit letztlich die Struktur einer neuen, anderen Religion geschaffen. Die atmet nur bedingt den Geist ihres Gründers, sondern folgt eigenen selbstmächtigen Überzeugungen und Vorgaben.

Weisheitlich begründet ist auch die Forderung der Feindesliebe. Gott wird nicht heilsgeschichtlich sondern kosmisch ausgesagt. „Liebt eure Feinde…, damit ihr Söhne eures Vaters im Himmel werdet, der seine Sonne aufgehen lässt über Bösen und Guten, und der regnen lässt über Gerechte und Ungerechte" (Mt 5, 44-45). Überwiegend wird Gott im Mund Jesu als »himmlischer Vater« oder »Vater im Himmel« genannt, Bilder und Umschreibungen, die dem Alten Testament unbekannt sind. Alttestamentlich gelten ethische Normen, wie die zehn Gebote, nur bezogen auf das eigene, auserwählte Volk. Sie sind verpflichtend gegenüber dem Gott, der von sich sagt: „Ich bin der Herr, dein Gott, der dich aus dem Land Ägypten geführt hat, aus dem Sklavenhaus“ (Ex 20,2). In gewisser Weise widerruft der Gott der »Zehn Gebote« seine eigenen ethischen Weisungen, wenn er unter anderem in den Forderungen des Buches Deuteronomium verlangt, die Angehörigen anderer Völker zu vernichten und jede Form von friedlichem Zusammenleben zu verweigern. Auch die Schilderungen der Eroberung des »Gelobten Landes« im Buch Josua lassen keinen bestimmenden Einfluss der »Zehn Gebote« erkennen.

Der Gott, dem der Mensch in den Augen Jesu verantwortlich ist, lässt seine Sonne unbegrenzt über allen Menschen aufgehen. Jesu weisheitlichen Mahnungen richten sich an den einzelnen Menschen, unabhängig von volksgebundener oder religiöser Zugehörigkeit.

Im gesamten Bereich der Lebensführung wird ein Ton lebensnaher und auch nachvollziehbarer Anrede angeschlagen. Die Ermutigung zu beharrlichem Gebet begründet Jesus mit einsichtigen Verweisen darauf, dass penetrantes Bitten unter Menschen zum Erfolg führt (vgl. Lk 11,5-8; 18,1-8); die Mahnung, „sich keine Sorgen zu machen", beruft sich auf Gottes Fürsorge in der Natur (Mt 6,25-32). Konkret kann es heißen: „Seht die Vögel des Himmels, sie säen nicht, sie ernten nicht und sammeln keine Vorräte in Scheunen; Euer himmlischer Vater ernährt sie.... Macht euch also keine Sorgen und fragt nicht: Was sollen wir essen, was sollen wir trinken? Was sollen wir anziehen? .... Euer himmlischer Vater weiß, dass ihr das alles braucht..." (Mt 6, 26.31f). Verkauft man nicht zwei Spatzen für ein paar Pfennige? Und doch fällt keiner von ihnen zur Erde ohne den Willen eures Vaters" (Mt 10,29). Die Warnung vor dem Sammeln von „Schätzen hier auf der Erde" appelliert an die Angst vor Motten und Dieben (Mt 6,19f).

Im Vaterunser fehlt „jeder heilsgeschichtliche Bezug. Der kommende Gott wird nicht heilsgeschichtlich ausgesagt, sondern unheilig-alltäglich angeredet mit der vertrauten Kindersprache."[88] Eine Anrede, die im Kontext des alten Testamentes unvorstellbar ist. Die ge-

[88] J. Becker, das Gottesbild Jesu und die älteste Auslegung von Ostern, in: G. Strecker (Hrsg.), Jesus Christus in Historie und Theologie, Tübingen 1975,S. 110.

äußerte Hauptsorge gilt Grundbedürfnissen des täglichen Lebens; dem täglichen Brot und dem rechten Umgang mit Situationen von Schuld und Vergebung.

Die im Lukasevangelium 6,27-38 zusammengestellten ethischen Forderungen ließen sich Satz für Satz mit gleichen oder ähnlichen Mahnungen aus der altorientalischen Weisheit belegen.[89]
Im Gleichnis vom bamherzigen Samaritaner (Lk 10,25-37) antwortet Jesus auf die Frage eines Gesetzeslehrers: „Meister, was muss ich tun, um das ewige Leben zu gewinnen?" Nach einem nicht weiterführenden Dialog zur Frage nach den klassischen Geboten antwortet Jesus direkt mit der Erzählung vom barmherzigen Samaritaner. Gegen alle religiösen Vorurteile und Vereinnahmungen geht es allein um den Menschen, der sich vorbehaltlos in den Dienst menschlicher Hilfsbereitschaft stellt. Ausgerechnet die Repräsentanten der jüdischen Thora handeln außerhalb dieser allgemeingültigen ethischen Kategorien.

Im Gleichnis vom Weltgericht (Mt 25,31-46) werden die Bedingungen für ein Handeln genannt, das ewiges, heilvolles Leben verdient. Die Befolgung irgendwelcher religiösen Gebote oder die Hilfe ritueller, sakramentaler Vollzüge wird nicht einmal erwähnt. Man muss die Gestalt Jesu überhaupt nicht gekannt haben. Was allein zählt, ist ein Handeln gemäß allgemeingültiger, menschlicher Anforderungen. Genau so haben es die weisheitlichen Mahnungen in den antiken Reli-

---

[89] Vgl. Richard Glöckner, Weisheitliche Traditionen und altorientalische Frömmigkeit in Jesusworten der synoptischen Überlieferung, in: Wahrheit. Recherchen zwischen Scholastik und Postmoderne, Mainz 1995, S. 149- 166.

gionen gesehen und vertreten. Dort ist es allerdings nicht zu feindlichen Auseinandersetzungen mit der religiösen und sozialen Umwelt gekommen. Jesus beansprucht diesen Raum geistig-geistlicher Offenheit. Dafür hat er gekämpft und ist sogar in den Tod gegangen. Nicht der Anspruch, der Sohn Gottes zu sein, war verhängnisvoll. Den hat man ihm unterschoben, weil sein offenes Gottes- und Menschenbild unerträglich war. Den unterschobenen Anspruch hat die frühe Kirche vehement verteidigt und zum zentralen Punkt der Unterscheidung vom jüdischen Glauben gemacht. Dabei hat sie die Mitte seiner Verkündigung aus den Augen verloren und sich dem jüdischen Glauben verhängnisvoll angepasst.

Nicht zufällig wird Jesus von seinen Gegnern als »Freund der Zöllner und Sünder« diffamiert (Mt 11,19). Kommentiert wird dieser Satz mit den Worten: „Und doch hat die Weisheit durch die Taten, die sie bewirkt hat, recht bekommen." Das Recht, das sie bekommen hat und das ihr zusteht, bleibt aber meistens unter der Verfügung von sich machtvoll durchsetzenden Autoritäten. So ist es auch im Christentum geschehen. Die weisheitlichen Deutungen des Lebens und die zugehörigen Anforderungen Jesu sind bekannt - unter anderem. Hätte man ihnen die Aufmerksamkeit und Autorität beigemessen, die sie verdienten, wäre die Geschichte des Christentums anders verlaufen. Rückblickend wäre die Spur mit Sicherheit weniger von Gewalt und Entfremdung gezeichnet. Heute könnten sie zumindest korrigierenden Einfluss haben. In jedem Fall werden sie als Angebot und auch Herausforderung weiterleben.

8.2 Aus falschen Schatten treten

Vor diesem Hintergrund muss nochmals eine Frage aufgenommen und vertieft werden, die schon unter dem Aspekt der Aufnahme des Alten Testamentes als vollwertiger Offenbarung Gottes erörtert wurde. Ein Blick auf Jesu Botschaft lässt zwei diametral widerständige Auffassungen von christlichem Glauben erkennen, die bei näherem Betrachten auch heute im Verhältnis von jüdischem und christlichem Glauben deutlicher erkennbar werden müssten. Beide Religionen unterscheiden sich klar und unversöhnlich in der Auffassung, wer Jesus von Nazareth war. Jüdisch: Nicht der Messias, sondern ein Gotteslästerer; christlich: über den Messias hinaus der Sohn Gottes. So klar und unversöhnlich sich diese Positionen gegenüber stehen, so sehr verschwimmen die Vorstellungen ineinander, wenn die mit den Personen verbundenen Glaubensentwürfe inhaltlich gefüllt werden. Dabei hält das Judentum seine ablehnende Position bei. Auch das Christentum bleibt mit seiner Deutung Jesu als Sohn Gottes klar auf Gegenposition. Aber in seiner Deutung, wer dieser Jesus als Christus ist, und in dem damit zusammenhängenden Gottesbild, folgt es inhaltlich jüdischen Vorstellungen. Was die Mitte und den Kern der Botschaft Jesu ausmacht, wird in der apostolischen Verkündigung nicht weiterentwickelt und intensiviert. Wie schon an verschiedenen Stellen dargestellt und belegt, sind zentrale Lehren des Christentums nicht jesuanisch, sondern paulinisch orientiert.

Will der christliche Glaube sich als freie und unabhängige Religion darstellen und um Anerkennung ringen, dann muss er die eigene Position Jesu herausstellen und in ihrer Eigenheit auch für sich als identitätsstiftend bezeugen.

Aus jüdischer Sicht bestätigt der Literaturhistoriker Joseph Klausner den fundamentalen Unterschied zur Position Jesu mit den Worten: „Das Judentum ist nationales Leben, das von der nationalen Religion und der universalen Ethik (dem letzten Ziele jeder Religion) *umfasst*, aber nicht von ihnen *aufgesogen* wird. Jesus hingegen schob alle Erfordernisse des nationalen Lebens zur Seite. Er trennte nicht nur das nationale Leben von der Religion, um ihr etwa eine besondere Sphäre anzuweisen, sondern er ignorierte es völlig und setzte an seine Stelle ein religiös-ethisches System, das allein mit seinem eigenartigen Gottesbegriffe verknüpft war. Damit hob Jesus das Judentum als die innere Lebenskraft des Volkes und auch das Volk selber auf. Denn eine Religion, die nur einen allgemeinen Gottesbegriff und eine für alle Menschen geeignete Ethik besitzt, kann nicht irgendeinem besonderen Volke zugehören: sie durchbricht vielmehr, bewusst oder unbewusst, alle nationalen Schranken. Das allein schon bewirkte, dass Israel, Jesu Volk, ihn verwerfen musste."[90]

Die Position Jesu ist in dieser Frage eindeutig. Er vertritt kompromisslos »einen allgemeinen Gottesbegriff und eine für alle Menschen geeignete Ethik«. Das lässt sich eindrucksvoll erhellen, wenn einige markante Szenen aus den Evangelien zu Wort kommen. Eine Erzählung im Matthäusevangelium 15, 21-28 und bei Markus 7,24-30 zeigt exemplarisch, wie Jesus sich im völkischen Spannungsfeld zwischen Juden und Heiden positioniert. Als eine heidnische Frau aus Syrophönizien ihn um Hilfe für ihre Tochter bittet, reagiert er zunächst als abweisender, orthodoxer Jude. „Ich bin nur zu den verlorenen Schafen des Hauses Israels gesandt." Aber schon die schlagfertige Antwort der Mutter stimmt ihn um und er

---

[90] J. Klausner, Jesus von Nazareth, Jerusalem 1952, S. 542f.

hilft der bedrängten Mutter. Seinem Denken und Empfinden entspricht es, der sich spontan äußernden Mutterliebe den Vorzug vor allen gesetzlichen Ansprüchen zu geben. Die Szene zeigt, dass weisheitlich geprägte Lebenseinstellung in Konflikt mit der heilsgeschichtlich begründeten und genormten Erziehung geraten kann und eine mutige Entscheidung verlangt. Sie zeigt Jesus auf dem Weg zu einem Gottesbegriff, der sich aus der Umklammerung durch heilsgeschichtliches Denken befreit.

Eine weitere Szene verdeutlicht seinen Willen, den Gehorsam gegen Gott, seinen Vater, dem Anspruch jüdischen Gesetzesdenkens gegenüber durchzusetzen. Das Markusevangelium berichtet in einem seiner ersten Kapitel (3,1-6) von einem schwerwiegenden Zwischenfall. Jesus verstößt gegen das Gebot der Heiligung des Sabbats, indem er ausgerechnet an einem solchen Tag einen kranken Mann heilt. Der Synagogengemeinde hält er entgegen: „Was ist am Sabbat erlaubt: Gutes zu tun oder Böses, ein Leben zu retten oder es zu vernichten?" Natürlich kann niemand mit Argumenten widersprechen. Stattdessen schließt der Text mit den Worten: „Da gingen die Pharisäer hinaus und fassten zusammen mit den Anhängern des Herodes den Beschluss, Jesus umzubringen." In einer ähnlichen Situation verdeutlicht Jesus die grundsätzliche Bedeutung seines Handelns mit den Worten: „Der Sabbat ist für den Menschen da, nicht der Mensch für den Sabbat" (Mk 2, 27) – ein Wort, das oft auch als befreiendes Schlagwort zitiert wird. Der Ausgang des Geschehens in der Synagoge macht deutlich, dass Jesus schon lange vor seiner Auslieferung an die Römer für jüdisches Empfinden so untragbar war, dass man an ihm vollziehen wollte, was in der Tradition unter dem Stichwort bekannt war: »den Bann vollstrecken« oder auch »ausrotten«.

Am krassesten stellt der Vorfall in der Synagoge von Nazareth (Lk 4, 16-30) Jesu Bekenntnis zu einem »allgemeinen Gottesbegriff« heraus. Es ist sein erstes Auftreten ganz zu Anfang seines öffentlichen Wirkens: Dabei prallt sein Bild von einem für alle Menschen gleichen und für alle Menschen offen zugänglichen Gott unvermittelt auf den jüdischen Anspruch, von Gott ausschließlich geliebt zu sein und das auch in privilegierter Weise abrufen zu dürfen. In seiner Rede stellt Jesus Situationen der Geschichte Israels heraus, in denen Gott offenkundig seine Hilfe nicht Angehörigen des auserwählten Volkes, sondern verachteten Heiden hat zukommen lassen. Der Widerspruch zum Empfinden und zur Erwartung seiner Zuhörer wird durch eine provozierende Wortwahl verschärft, wenn es heißt: „In Israel gab es viele Witwen in den Tagen des Elia… Aber zu keiner von ihnen wurde Elia gesandt, nur zu einer Witwe in Sidon. Und viele Aussätzige gab es in Israel zur Zeit des Propheten Elischa. Aber keiner von ihnen wurde geheilt, nur der Syrer Naaman." Das Prinzip der Auswahl wird bewusst auf den Kopf gestellt. Damit erregt er den Zorn der Besucher des Gottesdienstes in der Synagoge so sehr, dass sie ihn umbringen wollen.

Was Auserwählung in der Konsequenz für das orthodoxe Judentum bedeutet, haben die Nachbarn Israels in der Geschichte immer wieder bis heute leidvoll erfahren müssen. Eine Passage aus dem Buch Deuteronomium verdeutlicht diese Zusammenhänge unmissverständlich. Dem Buch kommt bis heute eine herausragende Stellung in der jüdischen Glaubensverkündigung zu. Es gehört zu den fünf zentralen Büchern der Thora, die regelmäßig im Zyklus eines Jahres verlesen werden.

Konkret heißt es im Text: „Wenn der Herr, dein Gott, dich in das Land geführt hat, wenn er dir viele Völker aus dem Weg räumt…., die zahlreicher und mächtiger sind als du, wenn der Herr, dein Gott, sie dir ausliefert und du sie schlägst, dann sollst du sie der Vernichtung weihen. Du sollst keinen Vertrag mit ihnen schließen, sie nicht verschonen und dich nicht mit ihnen verschwägern. Deine Tochter gib nicht seinem Sohn und nimm seine Tochter nicht für deinen Sohn!... Wenn er deinen Sohn verleitet, mir nicht mehr nachzufolgen, und sie dann anderen Göttern dienen, wird der Zorn des Herrn gegen euch entbrennen und wird dich unverzüglich vernichten... Denn du bist ein Volk, das dem Herren, deinem Gott, heilig ist. Dich hat der Herr, dein Gott, auserwählt, damit du unter allen Völkern, die auf der Erde leben, das Volk wirst, das ihm persönlich gehört" (Dtn 7,1ff).[91] Besondere Auserwählung beinhaltet eine ganze Mischung von befremdlichen Attributen: Fremdheit, Feindschaft, Überlegenheit, Gewalt, Unterdrückung.

All das ist Jesus mit seinem weisheitlichen Blick auf den Menschen völlig fremd. Der Symbolforscher Alfons Rosenberg kommt, verschiedene Quellen und Indizien zusammenfassend, zu dem Ergebnis: „Aus der konkret verfassten jüdischen Religion wanderte Jesus nicht aus, wenngleich er ihre Grundlagen tödlich bedroht und schließlich beseitigt... Infolgedessen ist Jesus der erste freie und gerade durch seine radikale Gottverbundenheit (wie immer man diese dogmatisch formulieren mag) religionslose Mensch, der nicht nur das ganze aus Mythos, Geschichte, Lebensreglementierung, Volks– und Sippentraditionen gefügte Religionsgerüst entbehren konnte, sondern auch die Seinen, die allerdings vor solcher Zumutung erschraken, zu solcher »Entbehrung« anleitete... »Die Verkündigung Jesu gibt uns hinreichend Aufschluss darüber, dass hier ein Mann auftrat, der typische Züge des Revolutionärs trug: Bestreitung

[91] Durch die pauschale Gleichsetzung von Altem und Neuem Testament wird auch dieser Text auf die Ebene eines gültigen Gotteswortes gehoben.

geheiligter Traditionen, Auflösung verbindlicher Ordnungen, Radikalisierung der ethischen Forderungen, Setzung utopischer Maßstäbe«."[92]

In der jüdisch-christlichen Auseinandersetzung steht die isolierte Person Jesu vorrangig in der Mitte. Die Geister scheiden sich daran, für wen sie ihn halten. Den entscheidenden Unterschied macht dabei nicht aus, wer er in der theologischen Spekulation ist, sondern für welches Menschen- und Gottesbild und für welche ethischen Normen er steht. In der frühchristlichen Verkündigung muss er über sich ergehen lassen, »der Sohn Davids« oder auch »Hoherpriester nach der Ordnung des Melchisedek« zu sein und rachesüchtig auf die Vernichtung seiner Feinde zu warten. In seinem Selbstverständnis als Weisheitslehrer sprengt er diese Zugehörigkeit auf und ist Begründer einer anderen, neuen Religion. Diese neue Religion erscheint im Christentum als eine scheinbar selbstverständliche, in sich aber äußerst widersprüchliche Mischung.

---

[92] Experiment Christentum, München 1990, S. 74ff.

8.3 Jesuanische Identität

Daher wird es eine zentrale Aufgabe des christlichen Glaubens sein, die Person und die Botschaft Jesu neu zu entdecken und zu gewichten; nicht was Jesus *auch* gesagt hat, sondern was den Kern seiner Botschaft ausmacht und für den Glauben strukturbildend sein muss.
Es gibt im gesamten Alten Testament keine Szene der Begegnung mit Gott, die eine derart persönliche Nähe ausstrahlt, wie dies in zahlreichen Begegnungen Jesu etwa mit der öffentlichen »Sünderin« (Lk 7,36-50), mit einem Aussätzigen (Lk 5,12-16), mit einer Ehebrecherin (Joh 8,1-11) oder mit gesellschaftlich randständigen Menschen (Mk 2,13-17) zum Ausdruck kommt. Der Gott Jahwe ist unvorstellbar in einer Rolle, wie Jesus sie im Gleichnis vom »barmherzigen Vater« (Lk 15,11-32) vor Augen führt. Es gibt auch im gesamten Alten Testament und im Umfeld der bekannten Rabbiner der Zeit des Talmud niemanden, von dem eine ähnliche Faszination ausginge, wie von Jesus von Nazareth. Nichts von alledem haben Paulus und die Verfasser der apostolischen Briefe in die Mitte des Interesses gestellt und kultiviert.

Stattdessen haben sie Jesus als Christus im Umfeld jüdischer Traditionen verkündet und unter seinem Namen Lehren entwickelt und in den Vordergrund geschoben, die in seiner Gestalt und Verkündigung keinen Rückhalt haben. Der Theologe Gerd Lüdemann schreibt dazu: Es „fehlt der Jesus aus Fleisch und Blut zwischen Geburt und Tod, und dies aus gutem Grund. Er hatte, so wie er als Mensch war, keinerlei Bedeutung. Man kommt um den Verdacht nicht herum: Nicht um dessen willen, was er war, sondern um dessen willen, was er nicht war, haben Paulus und seine Nachfolger Jesus zum Mittelpunkt der Kirche – eines Kultes – gemacht."[93]

Einige Ansätze seien herausgegriffen:
Die Unvereinbarkeit von Jesu Lehre mit der kirchlichen Doktrin von der Erbsünde wurde schon herausgestellt. Thema war auch schon, dass die Kirche in ihrer Sexualmoral weit über Jesu Vorgaben hinausgeht. Beides Bereiche, in denen kirchliche und jesuanische Identität weit auseinander liegen.
Der irdische Jesus kennt keine Sakramente. Jeder Mensch ist gottunmittelbar. Der kirchliche Umgang mit den Sakramenten muss vom Eindruck verwalteter Gnade befreit werden.
Die selbstverständliche Verwendung gewaltbesetzter Texte in der kirchlichen Liturgie grenzt zeitweise an Blasphemie.

Die Auferstehung Jesu darf nicht als historisches Ereignis isoliert werden; sie ist als fortlebende Dynamik seines Lebens und seiner Lehre zu sehen. Der Apostel Paulus hat den Glauben in eine falsche Richtung gelenkt, wenn er im ersten Brief an die Korinther (15,14) sagt: „Ist aber Christus nicht auferweckt worden, dann ist unsere Verkündigung leer und euer Glaube sinnlos." Damit wird der Glaube zu einseitig auf ein historisches Faktum fixiert. Die Diskussionen um Klärung der historischen Ereignisse sind unerschöpflich[94] und kommen alle da an eine unüberwindbare Grenze, wo man ein die Geschichte sprengendes, historisch grundsätzlich nicht fassbares Ereignis zur Grundlage sicherer Erkenntnis

[93] Die Auferweckung Jesu von den Toten. Ursprung und Geschichte einer Selbsttäuschung, Lüneburg 2002, S. 194.
[94] Vgl. die differenzierten Ausführungen von Gerd Lüdemann, Die Auferweckung Jesu von den Toten, partim.

und gläubiger Überzeugung machen will. Zweifellos sicher und entscheidend ist, dass Jesus von Nazareth in seiner Botschaft weiterlebt und anwesend ist.

Die Feier von Tod und Auferstehung Jesu darf sich nicht im Wechselspiel von Erinnerung und Verheißung erschöpfen. Erinnerung an ein unermesslich großes Wunder; den Sieg über den Tod, wobei der Besiegte den Sieger schlägt.[95] Daraus folgend das Versprechen, dass der Tod vernichtet ist. Dabei ist ein spürbares Nachwirken auf das Leben der Menschen nicht auszumachen. Sterben und physischer Tod gehen unverändert weiter. Der tiefere Sinn von Ostern darf nicht darin liegen, ihn einer geheimnisvollen, ungreifbaren metaphysischen Wirklichkeit zuzuordnen. Er muss sich konkret erfahrbar darin mitteilen, dass man die Wirkmacht der Botschaft und Lehre Jesu unmittelbar verspürt – nicht im Jenseits, sondern hier und jetzt. Im ersten Johannesbrief (3,14) heißt es: „Wir wissen, dass wir aus dem Tod in das Leben hinübergegangen sind, weil wir die Brüder lieben." Auferstehung ereignet sich nicht erst am Ende des Lebens als wunderbare Einwirkung von außen, sondern im Vollzug der täglichen Liebe von Mensch zu Mensch. Im Johannesevangelium 10,10 sagt Jesus von sich: „Ich bin gekommen, damit sie das Leben haben und es in Fülle haben." Das Leben, nicht am Ende des Lebens, sondern hier und jetzt.

Der bekannte Bibelwissenschaftler Rudolf Bultmann hat die Auferstehung Jesu Christi so gedeutet, dass er sagte: Jesus ist in das *Kerygma*, in seine Botschaft, auferstanden und lebt darin weiter. Vom konservativ orthodoxen Glauben her eine kaum annehmbare Interpretation. Dennoch würde dieses Verständnis dem Osterglauben in der Begegnung mit der

---

[95] Wie soll es da jemals Frieden geben?

modernen naturwissenschaftlich orientierten Welt eine wesentlich glaubwürdigere Stellung einräumen und den Kernanliegen des Glaubens durchaus dienlich sein.

Bevor Kreuz und Auferstehung Jesu in der jüdisch geprägten apostolischen Interpretation in den Zusammenhang mit einem Opfertod und mit einem Sieg nicht nur über den Tod, sondern auch über alle machtvollen Feinde gebracht wurde, bevorzugten die synoptischen Evangelien eine andere, Jesus nähere Deutung. Jesus war am Kreuz gestorben, weil er unnachgiebig ein im Judentum unannehmbar erscheinendes Gottes- und Menschenbild vertreten hatte. Er war als Gotteslästerer hingerichtet worden; also restlos gescheitert. Seine überraschende Auferstehung von den Toten bedeutet, dass Gott seine Botschaft angenommen, bestätigt und damit bewahrheitet hat. Die Auferstehung als göttliche Bestätigung der Sendung Jesu und seiner Botschaft durch Gott. Was immer im Einzelnen geschehen ist: Jesus ist auferstanden, weil er in seiner Botschaft bis heute weiterlebt. Ein solcher Zugang ist nachvollziehbar und weckt Anerkennung und Zustimmung.

Vor dem Hintergrund der anerzogenen und als selbstverständlich erscheinenden Glaubenswelt erscheint ein Umschwenken auf dieses Jesus- und Gottesbild wie ein naives Wunschgebäude. Es bedeutet einen Wechsel von christlich-apostolischer Identität zu jesuanischer Identität. Ja, es bedeutet den Ausbruch aus einer Welt der Wunder, aus beanspruchter Autorität und einer parallel auch immer mitlaufenden Erlebniswelt von Gewalt und Revanche. Zu beidem hat der Mensch eine innere Affinität. Daher kann man sich so schwer davon trennen. Es verlangt daher ein hohes Maß an Mut und Entschlossenheit, hier loszulassen und sich anders zu orientieren.

Entscheidend für das Christentum ist, dass sich die Leben gestaltende und verändernde Kraft der Botschaft Jesu durchsetzt und immer mehr Menschen inneren Frieden und Freiheit eröffnet. Der traditionell klassische Glaube fragt danach, was mit Jesus geschehen ist und was auch uns erwartet. Eine endgültige Antwort darauf kann es nicht geben. Außer den beteuernden Worten von Menschen, dass sie etwas Wunderbares gesehen, gehört und erlebt haben, gibt es nichts. Die Behauptung, dass der Tod überwunden oder sogar vertilgt wurde, wird täglich durch eigene Erfahrung widerlegt, es sei denn, es wird alles auf ein Jenseits verschoben. Jesus selber hat in Worten, die das Johannesevangelium (12, 24) überliefert, Tod und Auferstehung mit dem naturhaften Vorgang eines Weizenkorns verglichen, das in den Urgrund seines Herkommens zurückkehren muss, um darin verwandelt, Same und Frucht für neues Leben zu werden.

Die Erwartung und Hoffnung, dass außerhalb von mir etwas für mich Entscheidendes geschehen ist und angeblich auch jetzt geschieht, ist verlockend, aber unrealistisch. Wie Jesus selber gelehrt hat, werden wir nicht durch äußere Eingriffe errettet, sondern wenn wir seine Botschaft ernst nehmen und darin wachsen und Glück finden. Entscheidend ist, dass er in seiner Botschaft hier und jetzt lebt und hier und jetzt Leben verändern kann.

8.4 In der Kraft des Geistes Gottes – ungreifbar, aber effizient

Über alle unterschiedlichen oder auch gegensätzlichen Einstellungen und Lehren hinweg taucht in den verschiedensten Texten des Neuen Testamentes das Wirken des Geistes Gottes auf. Von ihm gehen durchweg Verständigung, Versöhnung und Frieden aus. Jesus stellt in der Antrittspredigt in Nazareth sein Wirken unter ein Wort aus dem Propheten Jesaja, wo es heißt: „Der Geist des Herrn ruht auf mir; denn der Herr hat mich gesalbt. Er hat mich gesandt, damit ich den Armen eine gute Nachricht bringe, damit ich den Gefangenen die Entlassung verkünde und den Blinden das Augenlicht; damit ich die Zerschlagenen in Freiheit setze und ein Gnadenjahr des Herrn ausrufe“ (Lk 4,18). Die Worte sind viel mehr als eine Wortpropaganda, sondern sie werden im folgenden Wirken Jesu mit Leben erfüllt. Der Geist erscheint nicht als Person sondern als Wirkmacht, die zum Handeln befähigt, mit Kraft und Dynamik erfüllt.

Nicht als eigene Person im Sinne trinitarischer Formulierungen, sondern als Horizont offener Verständigung und Begegnung erscheint er auch in den Worten Jesu an die Frau am Jakobsbrunnen in Samaria: „Glaube mir, Frau, die Stunde kommt, zu der ihr weder auf diesem Berg noch in Jerusalem den Vater anbeten werdet. Ihr betet an, was ihr nicht kennt... Aber die Stunde kommt, und sie ist schon da, zu der die wahren Anbeter den Vater anbeten werden im Geist und in der Wahrheit;... Gott ist Geist, und alle, die ihn anbeten, müssen im Geist und in der Wahrheit anbeten“ (Joh 4,21ff). Gott im Geist anbeten, befreit den Glauben von allen orthodoxen oder auch konfessionellen Einengungen und Fixierungen. Im Geist glaubt man, wenn nicht mehr Jerusalem oder Samaria – Mekka oder Rom die Vorgaben entscheiden. Die großen Naturreligionen haben im Unterschied zu den gestifteten solche Vorgaben nie gekannt.

Nach seiner Auferstehung verheißt Jesus den Jüngern, dass sie die Kraft des Heiligen Geistes empfangen und seine Zeugen bis an die Grenzen der Erde sein werden (Apg 1,8). Konkret geschieht dies am Pfingsttag, als alle vom Geist Gottes erfüllt werden. Der Geist erscheint wieder nicht als personales Gegenüber, sondern als überwältigende Wirkmacht und außergewöhnliche Befähigung. Die Jünger sprechen so, dass sie von der Vielzahl von Menschen aus verschiedenen Völkern verstanden werden können. Entscheidend ist, dass jeder sie in seiner Sprache sprechen hört. Von den Menschen wird nicht verlangt, die Sprache der Apostel zu verstehen. Diese werden begabt, sich so auszudrücken, dass die anderen sie in der eigenen Sprache verstehen können.

Auch hier geht von der Begabung mit dem Geist eine befreiende Kraft zwischen allen Beteiligten aus. Ein Vorgang, der im Lauf der Geschichte leider umgekehrt worden ist. Zum Glauben in der apostolischen Kirche gehört, sich auf die Sprache der Kirche einzulassen. Sie war über Jahrhunderte die einzige Sprache, der verbindliche Geltung zugestanden wurde. *Roma locuta, causa finita*. Es war ein großes Verdienst von Reformatoren wie Meister Eckhart und Martin Luther, dass sie der Muttersprache wieder zur Geltung verhalfen – sowohl in den Predigten wie in der Übersetzung der Heiligen Schrift. Wie unerlässlich ist es heute, dass die Kirche wieder lernt, zuzuhören und sich so auszudrücken, dass auch Außenstehende sie verstehen; ganz zu schweigen von denen, die im eigenen, engeren Glaubenskreis so verwirrt sind, dass sie sich unverstanden fühlen und den Kontakt abbrechen.

Auch in den apostolischen Briefen erscheint Gottes Geist durchweg als eine Kraft, die ausgleicht, begütigt und Frieden schafft. Sie zeigt den Apostel Paulus buchstäblich mit einem anderen Gesicht. Grundsätzlich gilt für ihn: „Der Herr ist der Geist. Wo der Geist des Herrn ist, da ist Freiheit“ (2Kor 3,17). Paulus droht nicht mehr, Andersdenkende als Irrlehrer zu verfluchen. Er spricht davon, eine Vielfalt verschiedener Begabungen anzuerkennen und zu fördern. Denn es gibt den einen Geist und die vielen Geistesgaben (1Kor 12,1-11).
Der Geist schafft das Hohelied der Liebe im 1Kor 13. Er ermutigt den Apostel zu der Aussage: „Nehmt den an, der im Glauben schwach ist, ohne mit ihm über verschiedene Auffassungen zu streiten“ (Röm 14,1). Im Brief an die Galater 6,1 schreibt er: „Wenn einer sich zu einer Verfehlung hinreißen lässt, meine Brüder, so sollt ihr, die ihr vom Geist erfüllt seid, ihn im Geist der Sanftmut wieder auf den rechten Weg bringen“. Damit lebt auch in der apostolischen Kirche vieles von dem weiter, was Jesus von sich selber sagte, als er in der Kraft des Geistes »ein Gnadenjahr des Herrn« ausrief.

Etwas von dieser offenen Freiheit strahlt auch bis heute in die Feier des Pfingstenfestes aus. In zahlreichen Hymnen und Kirchenliedern werden Lebensqualitäten beschworen, die nicht auf Siegen, Herrschen und Überwinden gerichtet sind. Vom Geist Gottes wird erbeten: Heile, was verwundet ist, tränke, was da dürre steht, wasche, was beflecket ist und wärme, was erkaltet ist! In der Unrast schenke Ruh, in der Glut hauch Kühlung zu! Tröste den, der trostlos weint! Ein Katalog von lebenswichtigen Erwartungen, deren Erfüllbarkeit Jesus in seinem Leben vorgelebt hat, wenn er Menschen immer wieder verständnisvoll und versöhnlich begegnet ist.

Es stimmt hoffnungsvoll, wenn auch heute ein kirchliches Fest Qualitäten beschwört, die mehr weiblicher Lebensqualität als männlichem Führungsanspruch entsprechen. Dies auch maßgeblich durchzusetzen, würde Tore, Türen und Wege nach vorne öffnen.

8. Ausblick

Von den ersten Anfängen an ist die Kirche immer wieder mit einem Schiff verglichen worden, das auf den Fluten des Meeres dahinfährt, bedroht von den Untiefen des Wassers, und doch siegreich geführt von der Hand Gottes. Eine älteste Erinnerung bot schon die Geschichte von Noah und der Arche. Die ersten Jünger kamen aus dem Milieu der Fischer am See Genezareth. Wie das Markusevangelium 4,35-41 erzählt, rettet Jesus die Jünger, als sie auf dem See in einen Sturm geraten sind. In diesem Geschehen sah man das Schicksal der Kirche vorgezeichnet: immer bedroht und gefährdet, aber im Vertrauen auf Gott und Jesus Christus gerettet. Die frühen Kirchenväter haben Jesus gerne mit Odysseus verglichen, der seine Gefährten durch eine kluge List an der todbringenden Insel der Sirenen vorbeiführte. Er hatte seinen Gefährten die Ohren verstopfen und sich selber an den Mastbaum des Schiffes fesseln lassen. Er hörte den Gesang der Sirenen, konnte das Schiff aber nicht verlassen. So sahen die Kirchenväter Christus, der sich an den Mastbaum des Kreuzes hatte annageln lassen, und so durch sein standhaftes Leiden die Menschheit gerettet hatte.

Clemens von Alexandrien bemängelt im 2./3. Jahrhundert allerdings, dass die Christen seiner Zeit daraus den falschen Schluss ziehen. Sie meinen, Christus alles überlassen zu können, halten unbewegt an alten Traditionen fest, ohne selber aktiv zu werden. Dem in der Kirche vorherrschenden Geist falscher Abschottung von der umgebenden heidnischen Kultur wirft er vor: „Mir scheint, die meisten derer, die sich dem Namen der Christen verschrieben haben, gleichen nur den Gefährten des Odysseus: sie fahren mit verstopften Ohren vorbei, nicht an den Sirenen, sondern am Rhythmus und an der Melodie unserer Kultur, sie

verstopfen ihre Ohren durch Ablehnung des Lernens, weil sie fürchten, dass sie den Weg nach Hause nicht mehr finden, wenn sie nur einmal die Ohren der weltlichen Weisheit geöffnet haben. Wer aber daraus das Brauchbare auswählt, der darf sich nicht abkehren von der Liebe zur Weisheit wie ein vernunftloses Tier. Im Gegenteil, er muss für seine Hörer eine möglichst große Fülle von helfenden Gedanken aus der Philosophie und der Kultur unserer Zeit zusammenbringen."[96]
Zu allen Zeiten sind die Fragen notwendiger Offenheit für die Umwelt und der Bereitschaft, außerchristliche Erfahrungen und Erkenntnisse als hilfreich und bereichernd aufzunehmen, kritisch erörtert und angemahnt worden.
Die Bezüge der frühen Kirche zur Symbolik von Boot und Schiff sind vielfältig. Sowohl in der Kunst wie in zahlreichen Kirchenliedern spielen Bildsymbole mit Boot und Schiff eine Rolle. Nicht zufällig spricht man im Hinblick auf das Innere einer Kirche vom Kirchenschiff.

Vor diesem Hintergrund taucht abschließend nochmals ein Bild auf, diesmal das der Titanic, die am 14. April 1912 im Nordatlantik nach der Kollision mit einem Eisberg innerhalb von wenigen Stunden sinkt. Ein katastrophaler Schock. Die Erinnerung daran will natürlich keine Zukunftsprognose für die Zukunft des Christentums sein. So etwas wäre einer Verschwörungstheorie gleichzusetzen und unsinnig. Aber wenn hier Angesichts der Krise des Christentums die Erinnerung an dieses Ereignis auftaucht, geht es nicht um die Frage, ob oder wann sich etwas derart Katastrophales ereignen kann oder wird, sondern *wie* etwas in den Augen der damaligen Zeit so absolut Unmögliches geschehen konn-

[96] Zitiert nach Hugo Rahner, Griechische Mythen in christlicher Deutung, Darmstadt 1957, S. 426.

te. Was ist im Umfeld der Katastrophe geschehen? Was hat sie ausgelöst, verschärft und unaufhaltsam gemacht? Wieso kann man eine vergleichende Erinnerung wagen?
Aufgrund ihrer unfassbaren Größe und technischen Perfektion galt das Schiff als Wunderwerk neuester Technik und damit zwangsläufig als unsinkbar. Es sollte die Manifestation unvorstellbar großer Perfektion und unbesiegbarer Überlegenheit und Macht des Menschen sein. Schon im Namen lag eine Anspielung auf den antiken Mythos vom Kampf der Titanen gegen die olympischen Götter, einem Aufstand gigantischer Mächte. Gerüchten zufolge fand sich unterhalb der Wasserlinie ein Schriftzug mit der Behauptung, dass kein Gott das Schiff versenken könne. Ausgeblendet dabei blieb allerdings der Ausgang des antiken Mythos. Denn schließlich hatten die Olympischen Götter die Titanen besiegt.
Natürlich wurde die Titanic nicht von übernatürlichen, göttlichen Mächten besiegt und versenkt, sondern sie wurde von der missachteten Urgewalt der Natur und ihrer Gesetze eingeholt. Der hinter dem technischen Meisterwerk liegende Machtanspruch scheiterte an der Selbstüberschätzung, unbedingt überlegen und unbesiegbar zu sein. Bei der Jungfernfahrt missachtete man alle gängigen Vorsichtsmaßnahmen und durchquerte waghalsig mit überhöhter Geschwindigkeit einen Bereich des Ozeans, der von Eisbergen durchzogen und deshalb als sehr gefährlich eingestuft war. Zwischenzeitlich eingehende Eisbergwarnungen wurden als unwichtig eingeschätzt und reaktionslos übergangen. Unbeirrt hielt man den einmal eingelegt Kurs bei. Der hartnäckig verteidigte Nimbus von unanfechtbarer Überlegenheit und Unbesiegbarkeit machte die Katastrophe unausweichlich. Dass es so kommen musste, war natürlich nicht sicher. Aber dass es so kommen konnte, war zumindest möglich und letztlich sogar entscheidend.

Genau die von Fehlern und Uneinsicht durchsetzten Verhaltensweisen auf der Titanic lassen einen Vergleich in die Augen springen. Der christlichen Kirche gilt die Verheißung, dass die Pforten der Hölle sie nicht überwinden werden. Sie kann nicht untergehen. Darauf hat sie immer gesetzt, und darauf vertraut sie auch heute noch. Ihr Kurs ist in der Geschichte permanent von schweren religiösen, gesellschaftlichen und politischen Konflikten und Zusammenstößen begleitet gewesen. Konflikte, die eigentlich zum Umdenken und zu Kursänderungen hätten führen müssen. Dazu haben nicht nur große Reformatoren sondern auch große Heilige die Kirche aufgerufen. Dies bestenfalls mit begrenztem Erfolg. Grundsätzlich wird der einmal eingeschlagene Kurs unnachgiebig eingehalten. Widerstände waren in der Vergangenheit so bemessen, dass sie durchbrochen und überwunden werden konnten. Dennoch weisen die Linien von Anerkennung, Einfluss und Stärke beständig nach unten. Die Anfragen, Einwände und Ablehnungen rücken bedrohlich nahe. Hier sind es vor allem in breiter Fächerung die Naturwissenschaften. Aber auch ihre Entdeckungen und Ergebnisse werden überhört oder umgegangen.
Die Kirche verkörpert immer noch eine geistige und auch gesellschaftliche Macht mit Weltgeltung. Das Beharren auf einmal eingespurten Wegen lässt kein Ende vermuten. Aber wie war es noch und ist es mit der Klimakrise? Jetziges Bemühen kann sich ernsthaft einsetzen und hoffen, dass eine zeitlich nicht festlegbare aber doch unabweisbar drohende Katastrophe vermieden wird. Was aber, wenn es kein jetziges Bemühen gibt? Bleibt die Frage: „Quo vadis!“

Literaturverzeichnis

Assmann, Jan, Moses der Ägypter, Wien 1998

Becker, Jürgen, Das Gottesbild Jesu und die älteste Auslegung von Ostern, in: G. Strecker (Hrsg.), Jesus Christus in Historie und Theologie, Tübingen 1975.

Brunner, Hellmut, Altägyptische Weisheit. Lehren für das Leben, Zürich / München 1988

Daecke, Sigurd Martin/ Bresch Carsten, Gut und Böse in der Evolution. Naturwissenschaftler, Philosophen und Theologen im Disput, Stuttgart 1995

Darwin, Charles, Die Abstammung des Menschen, Frankfurt am Main 2008

D'sa, Francis X., Gott der Dreieine und der All-Ganze. Vorwort zur Begegnung zwischen Christentum und Hinduismus, Ostfildern 1987

Dürr, Hans-Peter, Physik und Transzendenz. Die großen Physiker unserer Zeit über ihre Begegnung mit dem Wunderbaren, Scherz Verlag 2021

Die Bhagavadgita, I. N der Übertragung von Sri Aurobindo, Freiburg 1992

Einstein, Albert, Einstein sagt. Zitate, Einfälle, Gedanken, herausgegeben von Alice Calaprice, München 1997

Einstein, Albert, Mein Weltbild, Zürich 2017

Fried, Johannes, Jesus oder Paulus. Der Ursprung des Christentums im Konflikt, München 2021.

Funke, Dieter, Der halbierte Gott. Die Folgen der Spaltung und die Sehnsucht nach Ganzheit, München 1993.

Glöckner, Richard, Wie heute noch an Gott glauben/glaubwürdig von Gott sprechen?, Berlin 2006.

Glöckner, Richard, Meister Eckhart - Philosoph und Mystiker des Christentums, Berlin 2000.

Glöckner Richard, Weisheitliche Traditionen und altorientalische Frömmigkeit in Jesusworten der synoptischen Überlieferung, in: Wahrheit. Recherchen zwischen Hochscholastik und Postmoderne, (Walberberger Studien, Bd. 9), Mainz 1995

Hengel, Martin, Judentum und Hellenismus, Tübingen 1973

Jäger, Willigis, Die Welle ist das Meer, Freiburg 2002

Jonas, Hans, Der Gottesbegriff nach Auschwitz. Eine jüdische Stimme, Baden-Baden 1987.

Jonas, Hans, Gnosis. Die Botschaft des fremden Gottes, Leipzig 2000.

Klausner, Josef, Jesus von Nazareth, Jerusalem 1952

Lüdemann, Gerd, Die Auferweckung Jesu von den Toten. Ursprung und Geschichte einer Selbsttäuschung, Lüneburg 2002

Marc Aurel, Wege zu sich selbst, München 1990

Mieth, Dietmar, Meister Eckhart, München 2014

Rahner, Hugo, Griechische Mythen in christlicher Deutung, Darmstadt 1957

Rensch, Bernhard, Das universale Weltbild, Darmstadt 1991

Rosenberg, Alfons, Experiment Christentum, München 1990

Schumann, Hans Wolfgang, Die großen Götter Indiens. Grundzüge von Hinduismus und Buddhismus. München 1996.

Stadelmann, Hans-Rudolf, Im Herzen der Materie. Glaube im Zeitalter der Naturwissenschaften, Darmstadt 2004

Whitehead, Alfred N., Prozess und Realität, Entwurf einer Kosmologie, Frankfurt am Main 1979

Wilber, Ken, Halbzeit der Evolution. Der Mensch auf dem Weg vom animalischen zum kosmischen Bewusstsein, Frankfurt am Main 1998

Zeller, Dieter, Die weisheitlichen Mahnsprüche bei den Synoptikern (Forschung zur Bibel 17), Würzburg 1977

Zimmer, Heinrich, Philosophie und Religion Indiens, Zürich 1976

Abkürzungsverzeichnis der biblischen Bücher

Apg	Apostelgeschichte
Dtn	5. Buch Mose/Deuteronomium
Ex	2. Buch Mose/Exodus
Gal	Galaterbrief
Gen	1. Buch Mose /Genesis
Hebr	Hebräerbrief
Jes	Prophet Jesaja
Joh	Johannesevangelium
Lk	Lukasevangelium
Mk	Markusevangelium
Mt	Matthäusevangelium
Num	4. Buch Mose/Numeri
Offb	Offenbarung des Johannes
Röm	Römerbrief
1Kor	erster Brief an die Korinther
2Kor	zweiter Brief an die Korinther
1Petr	erster Brief des Petrus

KirchenZukunft konkret

hrsg. von Prof. Dr. Dr. Michael N. Ebertz (Freiburg)

Bernhard Anderl

Konkordat, Kirche und Geld

Hintergründe einer Krise

Durch eine Verknüpfung günstiger politischer Umstände hat die Katholische Kirche in Deutschland in den 200 Jahren seit der Säkularisation eine privilegierte Stellung erreicht. Den hohen Einnahmen durch die staatlich eingetriebene Kirchensteuer steht ein innerer Niedergang gegenüber. Grundlage jeglicher Reform kann nur der Fall des derzeitigen Systems sein und das Suchen einer Finanzierung, die der Freiwilligkeit des Gebens durch die Gläubigen wieder Geltung verschafft. Auch für die von den Bundesländern finanzierte, aber in sich ortlose Hochschultheologie sind neue kirchliche Wege zu suchen.

Bd. 16, 2022, ca. 128 S., ca. 19,90 €, br., ISBN 978-3-643-15080-6

Silke Obenauer; Andreas Obenauer

Gemeinde leiten in stürmischen Zeiten

Ein Werkbuch für Leitungsgremien

Gemeindeleitung ist in unserer Zeit eine herausfordernde Aufgabe: Die Zahl der Kirchenmitglieder sinkt, die Gesellschaft wird immer vielfältiger – und dann kommt auch noch Corona dazu.

Das vorliegende Werkbuch nimmt die Verantwortlichen in der Gemeindeleitung mit in verschiedene Fahrwasser: Corona-bedingte Wandlungen, gesellschaftliche Veränderungen, neuere Entwicklungen innerhalb der Kirche und klassische Arbeitsfelder unter veränderten Bedingungen kommen in den Blick.

Das Buch gibt Anregungen und stellt Impulsfragen, damit die Verantwortlichen vor Ort gute Entscheidungen treffen können. Dr. Silke Obenauer, Pfarrerin, Leitung Fachstelle Ehrenamt, Referentin für Kirche in neuen Formen, Geistliche Begleiterin, Veröffentlichungen v. a. zu Fragen der Gemeindeentwicklung

Dr. Andreas Obenauer, lange Gemeindepfarrer, Gemeindeberater, Veröffentlichungen zu religions- und gemeindepädagogischen Themen

Bd. 15, 2021, 100 S., 19,90 €, br., ISBN 978-3-643-14896-4

Dietrich Bäuerle

Kirche – Frauen – Menschenrechte

Impulse aus dem Leben der Maria Magdalena für eine andere Kirche

Katholische Kirchenleitung nur Männersache? Doch ohne die Arbeit der Frauen gäbe es diese Kirche überhaupt nicht, deren gegenwärtiges Herrschaftssystem nicht biblisch zu begründen ist. Denn mit der Konstantinischen Wende haben Verantwortliche der Jesusgemeinden altrömische Staatsideologien der Männerherrschaft übernommen und daraus die römische Kirche konstruiert. In den Evangelien dagegen verkünden Frauen, vor allem Maria Magdalena, und nicht die Apostel, die Botschaft von der Auferstehung Jesu. Es ist also an der Zeit, Frauen in der Kirche die absolute Gleichstellung zu garantieren.

Bd. 14, 2019, 144 S., 19,90 €, br., ISBN 978-3-643-14425-6

Gottfried Leder

Bei Unrecht: Widerspruch!

Unterwegs in der Welt und in der Kirche

Bd. 13, 2019, 232 S., 19,90 €, br., ISBN 978-3-643-14375-4

Wolfgang Vögele

Kirchenkritik

Beiträge zu Kirchentheorie, praktischer und ökumenischer Theologie

Bd. 12, 2019, 424 S., 39,90 €, br., ISBN 978-3-643-14244-3

Elmar Nass

Utopia christiana – Vom Kirche- und Christsein heute

Zwei kirchenutopische Dialoge. Mit einem Geleitwort von Erzbischof Dr. Ludwig Schick

Bd. 11, 2019, 256 S., 19,90 €, br., ISBN 978-3-643-14221-4

LIT Verlag Berlin – Münster – Wien – Zürich – London

Auslieferung Deutschland / Österreich / Schweiz: siehe Impressumsseite

Michael N. Ebertz; Meinhard Schmidt-Degenhard (Hg.)
Was glauben die Hessen?
Horizonte religiösen Lebens
Bd. 10, 2014, 200 S., 24,90 €, br., ISBN 978-3-643-12809-6

Norbert Ammermann (Hg.)
„Wie schön sind Deine Zelte" – Kirche vernetzt denken und gestalten
Studien zum Milieuansatz in Kirchengemeinden in Münster-Kinderhaus, Olfen, Senden und Osnabrück
Bd. 9, 2022, ca. 200 S., ca. 19,90 €, br., ISBN 978-3-643-12047-2

Michael N. Ebertz; Günter Lehner (Hg.)
Kirche am Weg – Kirchen in Bewegung
Bd. 8, 2012, 208 S., 19,90 €, br., ISBN 978-3-643-11894-3

Michael N. Ebertz; Monika Eberhardt; Anna Lang
Kirchenaustritt als Prozess: Gehen oder bleiben?
Eine empirisch gewonnene Typologie
Bd. 7, 2012, 280 S., 19,90 €, br., ISBN 978-3-643-11836-3

Klaus P. Fischer
Kirchenkrise und Gotteskrise
Katholische Kirche zwischen Vergangenheit und Zukunft. Mit einem Geleitwort von Herbert Vorgrimler
Bd. 6, 2012, ca. 96 S., ca. 19,90 €, br., ISBN 978-3-643-11615-4

Gottfried Leder
Auf neue Art Kirche sein ... ?
Laienhafte Anmerkungen
Bd. 5, 2008, 168 S., 14,90 €, br., ISBN 978-3-8258-1179-2

Eckhard Bieger; Wolfgang Fischer; Jutta Mügge; Elmar Nass
Pastoral im Sinus-Land
Impulse aus der Praxis/für die Praxis
Bd. 4, 2., erw. Aufl. 2008, 168 S., 17,90 €, br., ISBN 978-3-8258-0986-7

Franz Meurer; Peter Otten; Silvana Becker (Hg.)
Ort Macht Heil
Ein Lese- und Praxisbuch über lebensraumorientierte Pastoral in Köln HöVi (Höhenberg-Vingst)
Bd. 3, 2007, 296 S., 17,90 €, br., ISBN 978-3-8258-8238-9

Petro Müller
Eine kompakte Theologie der Gemeinde
Bd. 2, 2007, 152 S., 14,90 €, br., ISBN 978-3-8258-0432-9

Waltraud Polenz; Hedi Werner; Thomas Hußmann; Helmut Kovermann;
Michael J. Rainer (Hg.)
Heilig Geist-Gemeinde Münster: „Lebendige Steine – geistiges Haus"?!
Impressionen und Impulse zur Gemeindeentwicklung im Anschluß an das 75. Jubiläum 2004
Bd. 1, 2006, 200 S., 14,90 €, br., ISBN 3-8258-8158-x

LIT Verlag Berlin – Münster – Wien – Zürich – London
Auslieferung Deutschland / Österreich / Schweiz: siehe Impressumsseite

Forum Religionskritik

Werner Reiland
Religion ohne Dogmen
Der Agnostiker und der Glaube des Herzens
Bd. 22, 2022, ca. 128 S., ca. 24,90 €, br., ISBN 978-3-643-15108-7

Jürgen Wiegand
Christentum neu – entschlackt und offen
Auf dem Weg zu ursprünglichen Ufern
Bd. 21, 2022, ca. 312 S., ca. 29,90 €, br., ISBN 978-3-643-80326-9

Christoph Müller
Nachthütte im Gurkenfeld
Vom gegenwärtigen Elend der Evangelischen Kirche in Deutschland und der Leere, die sie hinterlässt. Eine Bestandsaufnahme
Bd. 20, 2021, 224 S., 29,90 €, br., ISBN 978-3-643-15011-0

Lutz Pohle
Etikettenschwindel als System
Warum der „Heiligen Kirche“ Volk und Priester abhanden kommen
Bd. 19, 2021, 134 S., 19,90 €, br., ISBN 978-3-643-14983-1

Werner A. Müller
Gottesvorstellungen und Leben nach dem Tod
Märchenhaftes und Mythen des christlichen und islamischen Glaubens im Lichte historischer und naturwissenschaftlicher Forschung
Bd. 18, 2021, 94 S., 19,90 €, br., ISBN 978-3-643-14887-2

Udo Kern
Karl Marx und der Neue Atheismus
Bd. 17, 2020, 152 S., 29,90 €, br., ISBN 978-3-643-14801-8

Edda Lechner
Von der Kirche zum Kommunismus
Einblicke und Folgerungen nach lehrreichen Auseinandersetzungen. Mit Anhang „Religionsfreiheit und linke Politik“
Bd. 16, 2020, 420 S., 34,90 €, br., ISBN 978-3-643-14197-2

Michael Francisci de Insulis OP
Determinatio De Antichristo. Traktat über den Antichrist
Editionem curavit Walter Simon. Herausgegeben und eingeleitet von Walter Simon
Bd. 15, 2022, ca. 120 S., ca. 39,90 €, br., ISBN 978-3-643-13842-2

Karl Richard Ziegert
Die Verkäufer des „perfect life“
Über die Amerikanisierung der Religion und den Untergang der EKD-Kirchenwelt in Deutschland
Bd. 14, 2015, 468 S., 39,90 €, br., ISBN 978-3-643-13013-6

Veit Thomas
Gott ist ein Kind
Ein kulturpädagogischer Versuch in 59 Thesen
Bd. 13, 2015, 232 S., 34,90 €, br., ISBN 978-3-643-12918-5

LIT Verlag Berlin – Münster – Wien – Zürich – London
Auslieferung Deutschland / Österreich / Schweiz: siehe Impressumsseite